Harald Koisser • Die Rückeroberung der Stille

Harald Koisser

Die Rückeroberung der Stille

Auswege aus Stress und Reizüberflutung

WIEN • MUENCHEN • ZUERICH
Orac

www.kremayr-scheriau.at

ISBN 978-3-7015-0499-2

Schutzumschlaggestaltung: Kurt Hamtil
unter Verwendung eines Fotos von Bill Ross/Corbis
Lektorat: Elisabeth Hemelmayr
Typografische Gestaltung: wolf, www.typic.at
Druck und Bindung: GGP Media GmbH, Pößneck

Inhalt

Für meinen Vater,
den Cowboy, der langsamer
zieht als sein Schatten

Wer hat schon Zeit für Stille?

Vor dem Fenster stauen sich nervöse Autos und zwängen sich in die Tiefgarage des Shoppingcenters vis-a-vis, das verlockende Sonderangebote in den Nachmittag brüllt. Vor dem Eingang sind für ein „Volksfest" dreißig Tische mit Bänken aufgebaut, aber nur drei Leute haben einstweilen mit einem Bier Platz genommen. Zwei große Boxen beschallen das Fest mit unfassbar lauter Volksmusik. Die Herbstsonne heizt zusätzlich mein kleines Arbeitszimmer auf, ich habe das Fenster geöffnet. Wenn ich es schließe, wird die Hitze unerträglich. Entweder Lärm oder Backofen. Die alte Festplatte surrt unerträglich. Das ist mir nie so aufgefallen wie in diesem Moment. Ich habe die letzten Wochen zuviel gearbeitet, mein persönlicher Akku ist leer und lädt nicht mehr voll auf. Eine Tiefenentladung wäre gut, also völlige Entleerung und anschließender Recharge. Aber ich habe keine Zeit, ich muss ein Buch über die Stille schreiben. Ich habe einen Vertrag. Das Handy läutet und ich sehe am Display, dass ein Kunde anruft. Ich schreie tatsächlich laut auf. Lass mich in Ruhe! Dennoch zucken meine Finger zu dem technischen Gerät, das eine entsetzlich verhunzte Version einer Beethoven-Ouvertüre absondert. Wie schrecklich, dass es kein normales Läuten mehr gibt. Nur Melodiemüll, aber polyphon. Vielleicht kann man sich irgendwo ein normales Telefonläuten vom Internet herunterladen. Ich werde mich morgen auf die Suche machen. Ich zahle jeden Betrag! Aber dann lähmt mich der Gedanke einer stundenlangen Internetrecherche und der Gewissheit, dass ich noch mal drei Tage brauche, um das Bimmeln auf mein Handy zu bekommen. Plötzlich dröhnt das Echo eines Schlagbohrers durch das Haus. Irgendjemand rückt der Stahlbetonwand zu Leibe. Ich könnte in mein Büro fahren und dort schreiben, doch das liegt an einer stark frequentierten Straße. Nahe der Innenstadt, viele Geschäfte, mindestens zweimal pro Tag eine Rettung oder die Polizei mit Blaulicht. Ich kann die

Signaltöne und die Richtung, aus der sie kommen, schon gut unterscheiden. Urbanes Flair, verkehrsgünstig. Der polyphone Beethoven hat aufgehört, ein Freund ruft an. Ich schildere ihm meinen Zustand. „Fahr ein paar Tage in die Berge", rät er mir, „ohne Bücher, ohne Computer, ohne Plan. Mach einfach gar nichts." Gar nichts? Wer hat denn Zeit für so etwas? Ich muss ein Buch über die Stille schreiben.

Harald Koisser, November 2006

Vorwort

„Es tut mir leid, dass ich dir heute einen so langen Brief schreibe, aber ich hatte einfach keine Zeit."
Johann Wolfgang Goethe

„Wo die Moderne das Terrain besetzt, sind Langsamkeit und Stille ausgetrieben" (Gerd Achenbach). Der Pulsschlag der Welt wird – wie bei einem Läufer, der das Tempo steigert – schneller und lauter, es klopft schon in den Schläfen, aber es heißt durchhalten!

Warum und wozu durchhalten? Wir haben keine Zeit, inne zu halten, um diese Frage auch nur zu stellen. Die industrialisierte Welt nimmt dem Menschen die Stille und so findet er keine Ruhe mehr. An keinem Ort, auch nicht in sich. Bald ist der Mensch nur noch außer sich. Das Dilemma der Moderne: Weil das allgemeine Tempo so hoch ist, müssen wir Gas geben. Weil wir Gas geben, ist das allgemeine Tempo so hoch. Wir befinden uns auf einer turbulenten Party, wo wir bereits laut schreien müssen, um uns Gehör zu verschaffen. Wer dabei die Stimme verliert, verliert. Wir rasen schreiend in eine Sackgasse.

Es wird Zeit für eine Rückeroberung der Stille. Das kann jeder einzelne für sich bewerkstelligen. Ich halte den Anteil jedes einzelnen Menschen am Verlust der Stille für derart groß, dass kein bequemer Verweis auf allgemeine Entwicklungen und Verzweiflung an der lauten Welt angebracht sind. Das würde zu nichts außer allgemeinem Kopfnicken führen. Ich schreibe dieses Buch genau für Sie. Jawohl: Sie!

Stille ist höchst notwendig für physische und psychische Gesundheit, wie auch der bekannte Allgemeinmediziner und Therapeut Georg Wögerbauer in seinem Beitrag aufzeigt. Stille ist ein Kernbedürfnis des Menschen und es ist keine Nebensächlichkeit, dass wir sie verlegt haben und nicht mehr finden. „Die ganze Schönheit des Lebens entsteht aus dem Gegensatz von

Licht und Schatten", schreibt Leo Tolstoi in der Anna Karenina. Wir sind Rhythmus-Pause-Lebewesen, die ein Wechselspiel von Licht und Schatten, Verzicht und Genuss, Anspannung und Entspannung brauchen. In der modernen Welt lässt sich allerdings eine allgemeine Unfähigkeit zur Entspannung diagnostizieren, die darin mündet, dass „Stress" von der Weltgesundheitsorganisation zur größten Gesundheitsgefahr des 21. Jahrhunderts gekürt wurde. Wir laborieren am modischen „Burnout Case", wie Graham Greene eine 1960 geschriebene Erzählung nannte. Um in Stresszustände zu geraten, muss man gar nicht mehr in so genannten Stressberufen arbeiten. Es genügt schon, durch Mobiltelefon und E-Mail rund um die Uhr erreichbar zu sein. Für Firma, Freunde, Mama und Kinder. Die Möglichkeit der dauernden Erreichbarkeit wird zur bedrohlichen Erwartung. Wir wagen es nicht mehr abzuschalten. Keine Idee von Stille.

Es ist ein Buch für alle und darum werde ich auch nicht „dunkel reden, um gelehrt zu reden" (Balthasar Gracian). Es ist ein dünnes Buch. Alles andere wäre bei einem Buch über die Stille auch seltsam. Es ist ein westliches Buch. Ich bin in Europa aufgewachsen und schreibe für diesen Kulturkreis. Vom zeitgeistigen Schielen auf asiatische Modelle halte ich nichts. Es befriedigt die Lust an Exotik und bleibt doch nur ein Akt der Verzweiflung. Das Angenehme an der Beschäftigung mit Zen-Buddhismus oder fernöstlicher Meditation ist nur, dass wir mangels kulturellem Hintergrund wenig davon verstehen und somit auch nichts an uns ändern müssen. Stille ist etwa bei der japanischen Teezeremonie das oberste Ziel. Sie entsteht durch die Verwirklichung von drei anderen Prinzipien – Wa (Harmonie), die Verbundenheit aller Lebewesen untereinander, Kei (Respekt), die Hintanstellung des Ich, und Sei (Reinheit), die Forderung nach Sparsamkeit und Reduktion. Der Tee ist dabei Medium. Er wird in langen Ritualen zubereitet und getrunken, bis sich ein Anflug von Jaku (Stille) einstellt. Können wir diesen Weg gehen? Wohl kaum, denn Tee ist bei uns kulturell nicht als Meditationsinstrument verankert und wir würden wohl auch die eigenwilligen Zeremonien des Teemeisters eher mit verhaltenem Amüsement als mit entspannter Erwartung betrachten. Auch finden wir stundenlanges Stillsitzen, wie es die Zen-Buddhisten kennen, nicht entspannend und reinigend. Bei diesem so genannten Zarzen muss man die unweigerlich aufkommenden Schmerzen und Beklemmungen niederkämpfen, einfach den Körper ausschalten und ignorieren lernen. So gelangt man durch Zarzen zu Stille. Der Unterschied dieser und ähnlicher Methoden zur westlichen Kultur ist eklatant. Der Asiate entspannt sich im Ruhen, der westliche Mensch aber im Tun. Es ist – nebenbei bemerkt – eine höchst originelle Situation, dass die Asiaten derzeit bestrebt sind, westliche Philosophie und Wirtschaftsideen zu kopieren, und der Westen sich in asiatische Meditationstechniken verliebt. So als wollten wir Kulturen tauschen. Es geht auch einfacher. Die Stille hat auch in unserer Kultur eine Heimat.

Es ist ein praktisches Buch. Philosophie sollte stets einen Nutzen haben und pragmatische Wirkung entfalten. Auf eine allgemeine theoretische Betrachtung der Stille folgt daher ein Teil mit Übungen zur Gewinnung der Stille. Es sind 45 harmlose Übungen, die jeder in seinem Alltag durchführen kann. Ich denke, sie wirken auch schon ein wenig, wenn man sie nur liest. Wer ungeduldig und eher praktisch veranlagt ist, kann gerne gleich zur Seite 90 blättern. Generell ist das Buch in kurze Lesehäppchen segmentiert und Sie können es daher nach Belieben aufschlagen.

Jeder hat seinen eigenen Weg zur Stille. Dieser Weg muss gegangen werden, denn auf Knopfdruck ist Stille nicht verfügbar. Sie ist selten geworden und droht auszusterben. Ihre Rettung könnte darin liegen, dass sie vom Zeitgeist, der gerade eine neue Innerlichkeit entdeckt, als Luxusgut eingeführt wird. Ein Luxus, den man allerdings nicht kaufen, zu dem man nur selbst vordringen kann. So wie Michael Endes „Momo" zu Meister Hora: „Und gerade, weil sie so langsam gingen, war es, als glitte die Straße unter ihnen dahin, als flögen Gebäude vorüber."

Der Verlust der Stille

„Diejenigen, welche zu den häuslichen Andachtsübungen auch das Singen geistlicher Lieder empfohlen haben, bedachten nicht, dass sie dem Publikum durch eine solche lärmende Andacht eine große Beschwerde auflegen, indem sie die Nachbarschaft entweder mitzusingen oder ihr Gedankengeschäft niederzulegen nötigen." Der deutsche Philosoph Immanuel Kant beklagt sich über Lärmbelästigung anno 1790. Er war gegenüber Musik, die er eine „zudringliche Kunst" nannte, sehr empfindlich, und begründete das auch wortreich in seiner „Kritik der Urteilskraft".

Auch Arthur Schopenhauer findet, „die allgemeine Toleranz gegen unnötigen Lärm, zum Beispiel gegen das so höchst ungezogene und gemeine Türenwerfen, ist geradezu ein Zeichen der allgemeinen Stumpfheit und Gedankenleere der Köpfe". Er regt sich in seiner 1851 erschienenen Schrift „Parerga und Paralipomena" mächtig und seitenlang über das Peitschenknallen der Fuhrknechte auf und wollte ihnen für ihre lärmende Ungezogenheit gerne Prügel angedeihen lassen.

Karl Popper merkt in „Alles Leben ist Problemlösen" an, dass er sich beim Aufkommen der Schreibmaschine den Umgang mit diesem nützlichen Instrument nicht angewöhnen konnte, weil ihn der Lärm des Tastenanschlags so sehr störte.

Türen- und Peitschenknallen, christliches Liedgut, Schreibmaschinentastatur – das also waren die lärmenden Ärgernisse aus dem 18., 19. und beginnenden 20. Jahrhundert. Wenn Kant das Absingen geistlicher Lieder durch die Nachbarn beklagt, was hätte er wohl gesagt, würde er heute an der Tangentiale in Neapel, beim Flughafen Schiphol, oder einfach an einer Straße, die zu diesem und jenem undurchsichtigen Zwecke aufgegraben wird, wohnen? Oder in einer jener amerikanischen Siedlungen, wo jedes Haus seine Klimaanlage an der Außenmauer oder am Dach angebracht hat, sodass auf der Straße ein konstantes, lautes Summen und Brummen herrscht. Wenn ihn Psalme zum Niederlegen der Gedankengeschäfte zwangen, was hätten heutige Stadtautobahnen, Musikberieselung in Kaufhäusern, Leuchtreklamen und Presslufthämmer mit dem sensiblen Mann angestellt? Hätte er je einen Satz der „Kritik der Urteilskraft" schreiben können? Womöglich wäre der mit Sicherheit etwas neurotische Kant schon früh in Therapie gewesen und dann in Nervenheilanstalten eingesessen, ohne je als Philosoph reüssieren zu können.

Was ist Stille?

„Klänge sind nur Schaumblasen
auf der Oberfläche der Stille."
John Cage

Ab null Dezibel beginnt die Wahrnehmungsfähigkeit des menschlichen Ohres – oder besser: dieser Punkt wurde mit null Dezibel markiert. Jede weiteren 10 Dezibel verdoppeln die Lautstärkeempfindung. Laut ist es aber auch mit 30 Dezibel noch nicht. In dieser Stärke klopft der Regen ans Fenster und flüstert man dem Liebsten etwas ins Ohr. An die 20 Prozent der Wiener Bevölkerung sind allerdings bereits einem Dauerlärmpegel um die 55 Dezibel bei Nacht und 65 Dezibel bei Tag ausgesetzt. Kinder, die unter solchen Bedingungen leben, zeigen Konzentrationsschwächen und chronisch erhöhten Blutdruck. Lauter wird es noch, wenn man an einem Presslufthammer vorbei geht; dann muss man mit rund 90 Dezibel zu Rande kommen. Flugzeugturbinen kommen auf rund 100 Dezibel. Am oberen Ende des Spektrums dürfte eine maximale Belastbarkeit des Ohres bei rund 120 Dezibel liegen, ein Schallpegel, der auf Popkonzerten und in Diskotheken durchaus realistisch ist. Dabei „kann man sich spüren", denn weil Schall Energie ist, wird der ganze Körper in Schwingungen versetzt. Die Muskulatur versteift, die Blutgefäße verengen sich, das Stresshormon Adrenalin wird ausgeschüttet. Man kann Werte an die 120 Dezibel auch mit normalen HiFi-Anlagen oder durch die Direktbeschallung des Ohres über die Kopfhörer eines simplen Walkman erzielen. Mit einer täglichen, auch nur kurzen Belastung in dieser Lautstärke setzt man sich zuverlässig einem schleichenden Hörschaden aus.

Primär ist Stille also die Abwesenheit von Geräusch, somit ein akustisches Phänomen. In seiner absoluten Ausprägung als „vollkommene Stille" existiert dieser Zustand in der Natur allerdings nicht, denn irgendetwas ist immer zu hören. Das Rascheln der Blätter im Wind, das Plätschern von Wasser, das Ächzen von

Holz. Letztlich sind wir selbst nicht still, denn wir spüren unseren Pulsschlag und hören, wenn es sonst still ist, das zarte Rauschen von Blut in unserem Körper. Eine faszinierende Entdeckung, die der amerikanische Musiker John Cage in einem Aufnahmestudio machte. Er befand sich in einem schalltoten Raum, der die größtmögliche Annäherung an Stille, die der Mensch ersonnen und möglich gemacht hat, darstellt. Umgebungsgeräusche sind ausgeblendet, Schaumstoffnoppen an Wänden und Decken schlucken den Schall. Und doch hörte Cage etwas über seine Kopfhörer. Es war sein eigener Blutkreislauf, der ihm über das hoch ausgesteuerte Mikrophon eingespielt wurde. Aus diesem Erlebnis entstanden seine berühmten Kompositionen zur Stille.

Stille ist die Pause zwischen den Tönen, der Freiraum zwischen den Dingen. Wir können zweierlei nur voneinander unterscheiden, wenn dazwischen nichts ist. Ist da kein Nichts, ist alles eins und einerlei. Zwischen zwei Häusern ist eine Wiese, zwischen zwei Sätzen eine Pause, zwischen zwei Zeilen ein Abstand. Wenn die Häuser zu eng aneinander gebaut werden, wird der Freiraum enger und bedrückender. Wenn die Sätze in einem Buch zu dicht aneinander stehen, bekommt man mehr auf eine Seite, kann sie aber nicht mehr lesen. Erst die Stille dazwischen hebt das Eigentliche hervor. Stille ist das Fundament jeder Wahrnehmung. Wir tendieren zunehmend dazu, mehr in eine Einheit hineinzustopfen, die Stille also mit etwas auszufüllen, sodass sie nicht mehr da ist. Die Menschen haben heute Angst vor Pausen beim Sprechen. Fast holen sie schon keinen Atem mehr, stoßen ihn nur noch, angefüllt mit Lauten, atemlos aus. Ein Sprechbrei, der die Gedanken verklebt. Eine Unsitte für japanische Geschäftsleute. Dauersprechende westliche Geschäftspartner gelten als unseriös. Wer in einer Verhandlung nicht einmal schweigt, zeigt an, dass er nicht bedenkt, was er sagt. Nicht, dass wir nicht um den Wert der Stille wüssten. In der Hitze des Gefechts ist immer noch Schweigen das Beste. Auch verstummen wir in flammender Emotion. „Vor Begierde schreiend, ist er stumm vor Furcht" (Giordano Bruno). Sexualität ist ein Akt des Schweigens, eine

Meditation und die vielleicht letzte Einübung in Konzentration und Stille, die der zivilisierte Mensch noch kennt.

Stille ist das Kontrastmittel, durch das anderes sichtbar wird. Wenn wir sie nicht mehr zulassen, können wir auch nichts mehr wahrnehmen. Sie wird selbst zum Eigentlichen, weil ohne sie keine Musik, kein Buch, kein Gespräch, kein Gedanke, kein Leben mehr möglich ist.

Die größtmögliche Reduktion von Umgebungslärm ist eine heilsame, angenehme Erfahrung. Stille ist der Schlaf des Ohres. Frieden kehrt ein, der Hörsinn kann sich erholen und auf neues Hören vorbereiten. Doch diesen Frieden kann man nur genießen, wenn auch die anderen Sinne Pause machen. Stille stellt sich nicht ein im flackernden Neonlicht oder dichten Menschengedränge, selbst wenn es sonst leise wäre.

Die Interdependenz der Sinne

Unsere Sinne sind ein zusammenhängendes System. Lärm behindert zweifellos das Denken sowie Konzentration auf etwas Bestimmtes überhaupt am besten gelingt, wenn andere Sinne Pause machen. Das Schmecken kann durch intensive Düfte blockiert werden, das Fühlen durch laute Musik und der Musikgenuss wird gestört durch rasende Gedankengänge. Wer also sein Essen schmecken möchte, sollte die Duftkerzen ausblasen, wer in innige erotische Umarmungen verstrickt ist, sollte besser die Musik leise oder ganz abdrehen und wer Musik genießen will, sollte frei von drängenden Problemen sein. Die Sinne entfalten sich in der Exklusivität. Und wirklich still wird es, wenn sie alle gemeinsam Pause machen.

Stille – Freiheit von Reizverarbeitung

Stille ist somit ein Zustand, der nicht ausschließlich in Dezibel gemessen werden kann, sowie auch Langsamkeit – ein enger Verwandter der Stille – sich nicht ausschließlich in km/h ausdrückt. Deren Gegenteil, Lärm und Schnelligkeit, sind allgemeine Sinnbilder für eine Überflutung. Stille ist somit im erweiterten Sinn ein reizfreier Zustand. Die Verarbeitungsmaschinerie von Geist und Körper ist auf Stand-by geschaltet und Stille kann in Form „innerer Ruhe“ ihre wohltuende Wirkung entfalten.

Es wird still um die Stille

Hörschäden und Entwicklungsstörungen bei Jugendlichen nehmen zu, jeder zweite Erwachsene leidet fallweise an Stress-Symptomen. Tiere wie Wale oder Singvögel werden immer lauter, weil sie den menschlichen Lärm übertönen müssen. Stille, selbst in ihrem eigentlichen akustischen Sinn, wird zu einem Zustand jenseits der Erfahrungswelt des modernen Menschen. Sie verblasst, wird also selber ganz still, indem sie sich im allgemeinen Lärm auflöst.

Dafür werden ihr Gedenktage und Wallfahrtsorte gewidmet. Im April 2004 wurde ein internationaler Tag der Stille abgehalten. Im Frühjahr 2006 wurde rund um das Waldviertler Kloster Pernegg die weltweit erste Erlebniswelt der Stille eröffnet. Mit feinfühligen Inszenierungen wie einem philosophischen Garten, einem Kräuterlabyrinth oder einem Stummfilmkino soll der Gast an die Stille herangeführt werden. Das Kloster scheut sich nicht, mit dem zu werben, was nicht da ist. Kein Fernsehgerät im Zimmer, kein Internetanschluss, keine Musikbeschallung in der Taverne, keine verkehrsgünstige Lage mit Autobahnanschluss und Airportshuttle. Eine scheinbar paradoxe Werbebotschaft, die den gewohnten Überfluss konterkariert. Wir haben von allem zuviel, außer vom Mangel. Diese Ruhe vom Zuviel ist das Produkt dieses Urlaubsortes. Nirgendwo sonst gilt so sehr, dass das respektvolle Zulassen von Stille Spiritualität darstellt. „Wahres Lauschen ist Andacht“ (Martin Heidegger).

Wie wir die Stille verlieren. Die ruhelose Welt.

„Er schätzte die Zivilisation,
die mit ihren Lichtsignalen
und Motorgeräuschen rings um ihn blitzte
und knatterte, nicht sehr hoch ein."
Sándor Márai, Die Nacht vor der Scheidung

Wenn wir die Welt vom Weltraum aus betrachten, sehen wir ein flirrendes Lichtermeer. Wir finden keine innere Ruhe, weil wir in einer ruhelosen Welt leben. Das Lebensumfeld des postmodernen Menschen ist schnell und laut. Wir sind einer nie dagewesenen Reizflut, Beschleunigung und Informationsflut ausgesetzt.

Reizflut – Die Sinne kommen nicht zur Ruhe

Wir können uns dem Schauen nicht entziehen. Flackernde Neonlichter, schnell geschnittene Filme. Diese kleinen Kontrollleuchten von Stereoanlagen und TV-Geräten, die selbst in der Nacht wie Sternchen unbewegt im Raum stehen. Wir starren stundenlang konzentriert flüssige Kristalle oder hinterleuchtete Flächen aus LED-Dioden an, weil der Computer zum unumgänglichen Instrument täglicher Arbeit geworden ist.

Wir können uns dem Riechen nicht entziehen. Die Nase verrichtet ihren Dienst unwillkürlich. In der sommerlichen U-Bahn, in der verrauchten Gastwirtschaft, in der Parfümerie, an der Baustelle unten an der Kreuzung, beim Kochen.

Wir können uns dem Hören nicht entziehen. Die Straße wird aufgerissen. Vielfältige Handyklingeltöne und Straßenlärm und um Mitternacht plötzlich der irrtümlich ausgelöste Alarm eines Autos. Kaum ein Restaurant und schon gar kein Kaufhaus kommt ohne Musikberieselung aus. Warum eigentlich?

Sind Restaurants nicht Orte der Begegnung, wo man gemeinsam isst und spricht? Nimmt der Wirt an, dass nur noch unzusammenhängende Einzelpersonen zu ihm zum Essen kommen – Menschen, die weder lesen, noch denken, noch in Kontakt mit jemand anderem treten wollen und für diese Isolation und Sprachlosigkeit einen Klangteppich brauchen? Warum wird den Menschen an Begegnungsstätten eine akustische Hürde für diese Begegnung bereitet?

Ebenso ergeht es uns mit den anderen Sinnen. Sie sind latent überfordert. Der generelle Output an Reizen ist im urbanen Umfeld größer als die Verarbeitungskapazität des Individuums. Die Gewöhnung hinkt der Beschleunigung hinterher. Es herrscht ein Überangebot an Reizen, aber keine ausreichende Nachfrage. Da wir alle auch Konsumenten sind, verstehen wir unmittelbar die Konsequenz, die sich aus einem Überangebot ergibt. Es wird ignoriert. Das ist die einfachste Form der Verarbeitung. Ein Zuviel wird an der Wahrnehmung vorbeigeschleust.

So entsteht die paradoxe Situation, dass wir inmitten optischer Reize nicht sehen, im Lärm nicht hören, im dichten Menschengedränge nicht fühlen und im Überangebot an Reflexionen nicht denken. Die Sinne kommen nicht zur Ruhe und wir nicht mit ihnen. „Die Abwesenheit von allem Beschreibbaren, das war das Ereignis des Tages“, schwärmt Erhart Kästner in einem Reisebericht vom Berg Athos. Die Abwesenheit von allem Beschreibbaren – ein Ereignis? Wir kennen wohl die ereignislose Abwesenheit von irgendetwas in Form von Stumpfheit und Langeweile, aber wer kann noch von einem ereignisreichen Nichts berichten, einem Zustand der Ereignislosigkeit, in dem eine Menge passiert ist? Es muss ein ungeheurer Zustand sein, wo unendlich viel passiert, ohne dass man viel macht und die Sinne keine Zuspielungen bekommen.

Angst vor dem Nichts

„Aber dann wurde es auf einmal totenstill.
Kein Poltern war mehr zu hören, kein Stürzen,
kein Knacken, kein Nichts und kein Echo von nichts.
Und diese plötzliche und andauernde Stille
war schier noch furchtbarer als das Getöse
der untergehenden Welt.“
Patrick Süßkind, Die Taube

Die Abwesenheit von allem Beschreibbaren wird in unserer modernen Welt nicht als Ereignis, sondern als Phobie erlebt. Wenn alles andauernd laut ist, löst das Aussetzen dieses akustischen und optischen Lärms primär Angst aus. Stille wird zwar floskelhaft erbeten („Lass mich in Ruhe“), aber nicht mehr wirklich gewollt, weil sie an „Nichts“ gemahnt und „Nichts“ ist dem modernen Menschen unerträglich. Er lebt in einer Welt, wo immer etwas ist. Die Stille rückt so in die Nähe des Todes. Todesstille. So nennen wir das, was in uns aufkommt, wenn von außen nichts auf uns zukommt. „Kennt ihr den Schrecken der Einschlafenden“, fragt Nietzsche in Zarathustra, „bis in die Zehen hinein erschrickt er darob, dass ihm der Boden weicht und der Traum beginnt.“ Die Finger gleiten von den Kontrollknöpfen des Lebens. Wir müssen loslassen. Ein furchtbarer Zustand. Der Stille als Einübung für den Schlaf können wir entrinnen. Dem Schlaf als Einübung für den Tod noch nicht. Wir haben namenlose Angst vor der Stille, weil wir aus unserem lauten Leben nicht nur den unausweichlichen Tod ausgeblendet haben, sondern es auch kaum mehr wagen, allein zu sein.

Bewohner von Großstädten können in der Stille oft nicht einschlafen, weil ihnen etwas fehlt. So wie Kinder das aufgedrehte Licht brauchen, um einschlafen zu können, so braucht der Städter eine Lärmquelle, um sich sicher zu fühlen. Einfach damit etwas da ist. Wenn alle Reize aussetzen, wird der Mensch auf sich selbst zurückgeworfen. Die Sinne, gerade noch mit der Abwehr von Reizen beschäftigt, können in ihrer Anspannung nachlassen. Durch diese Entspannung entsteht eine Schärfung. Die Wahrnehmung im Nichts, in der Stille ist dann umwerfend. Denn wo vorher eine Überfülle an Eindrücken und somit nichts Spezifisches war, sind nun völlig klar und deutlich ganz wenige, schwache Reize erkennbar und benennbar. Das Ohr, im Alltag zugekleistert mit Geräuschen, wird in der Stille feinfühlig und scharf. Es hört, was es sonst nicht hört. Das Auge, befreit von Leuchtreklamen, „Licht am Tag" und neongrünen Anzeigen auf Mikrowelle und Waschmaschine sieht in richtiger Dunkelheit plötzlich, was es sonst nicht sieht. Der ganze Mensch, der in Stille versetzt wird, fühlt plötzlich, was er sonst nicht fühlt: sich selbst. Stille ist ein Abenteuer, vor dem uns gruselt. Es fehlt dem modernen Menschen an Zeiten, wo Nichts ist.

Persönliche Zwischenbemerkung

Meine kleine Tochter geht in eine Vorschule mit Ganztagsbetreuung. Wenn sie um 16 Uhr abgeholt wird, dann wird etwas mit ihr unternommen. Eine Stunde am Spielplatz. Einen Tag in der Woche geht sie turnen. Einen anderen Tag hat sie Gitarreunterricht. Irgendeine ihrer Freundinnen hat immer Geburtstag und sie ist auf Festen. Wir wollen ihr etwas bieten, sie fördern. Als ich sie einmal abgeholt habe und ihr (mangels Turnen, Gitarre oder eines Geburtstages) verschiedene Möglichkeiten an Aktivitäten vorgestellt hatte, schaute sie mich lange an und meinte: „Ich will einfach nach Hause." Dort hat sie sich dann bis zur Schlafenszeit still in ihrem Zimmer mit sich selbst beschäftigt. Ich war als Vater, der sich für sie Zeit genommen hat, anfangs enttäuscht. Kinder sind Egoisten. Sie wollen alles, was gut für sie ist. Dazu gehört auch – Einsamkeit. Wenn wir ihnen diesen Wunsch nicht vor lauter Ehrgeiz austreiben. „We are suffering not from the decay of theological belief but from the loss of solitude" (Bertrand Russell, 1950).

Einsamkeit - Partnerschaft mit sich selbst

„Nichts kann ohne Einsamkeit entstehen", meinte einst Picasso. Er brauchte ein längeres Aussetzen aller sozialen Kontakte, um schaffen zu können. Nicht nur Schriftsteller und Maler brauchen Einsamkeit, um etwas aus sich heraus zu holen. Wir begegnen uns selbst nur in Stille und Einsamkeit. Das ist die wichtigste Partnerschaft im ganzen Leben – die mit sich selbst. Man sollte alles tun, um sich kennen zu lernen und mit sich zu Rande zu kommen, denn man ist ein Leben lang mit sich selbst zusammen. Jeder muss für sich die Gewissheit schaffen, dass er auch etwas wert ist, wenn gerade niemand anderer da ist. Nur über Einsamkeit gelangt man zu Autonomie und damit zur Voraussetzung für eine reife Partnerschaft. Der moderne Mensch aber macht es oft umgekehrt. Er benutzt die Partnerschaft, um der Einsamkeit zu entfliehen. So wie ich vorhin erwähnt habe, dass man vor Angst eine Lärmquelle aufdreht, damit irgendetwas da ist, so wird auch geheiratet, damit irgendjemand da ist. Nur nicht alleine sein. Die Einsamkeit und damit die Auseinandersetzung mit sich selbst wird vermieden.

Einsamkeit macht unabhängig

Wer mit sich selbst nicht auskommt, ist notgedrungen fremdbestimmt. Wer Einsamkeit nicht kennt, kennt auch keine Freiheit. Daher fürchtet die Macht stets das Individuum, vor der Masse hat sie keine Angst. Masse ist normierbar. Über gemeinsame Werte, gemeinsame Feinde, gemeinsame Regelungen. Wir können ohne Normen nicht leben, da unser Leben komplexer ist als die Steuerungsmöglichkeiten unserer Instinkte. Immanuel Kant hat auf die „doppelte Pflicht" hingewiesen, sich als bürgerliches Wesen Gesetzen unterwerfen zu müssen, welche man als vernünftiges Individuum in Frage stellen muss. Der Versuch eines Systems, Normen zu erlassen, muss daher stets misstrauisch machen. Normen lassen ein System überhaupt erst entstehen. Durch einen Akt der Unterwerfung oder durch Übereinkunft treten sie in Kraft, erlangen also für eine Gruppe von Individuen Wirkung. Damit ist das System in Gang gesetzt und es wird größer durch die Bereitschaft anderer, sich einzuordnen. Eine große Anzahl von Menschen ist niemals durch aktive Repression zu rekrutieren, wie Konrad Lorenz in der Abhandlung „Die acht Todsünden der zivilisierten Menschheit" zeigt. Nur wenn die Dynamik der Selbstunterwerfung einsetzt, hat ein System Erfolg. Dieser Erfolg kann sichergestellt werden, wenn man die Menschen von sich selbst fern hält, also Stille, Langsamkeit oder Einsamkeit nicht zulässt. Einsamkeit ist Voraussetzung für Demokratie, der Verlust von Einsamkeit führt in die Diktatur. Die Diktatur eines Staates, der Mode, des Konsums. Selbst gut meinende Staatenlenker können das nicht verhindern, weil Systeme selbstperpetuierend sind, also ihre eigene Dynamik entfalten, deren oberstes Ziel der Selbsterhalt ist. Die Staatenlenker lenken den Staat auch nicht, sondern sind selbst vom System und seinen Normen bestimmt. Da sie an seiner Spitze stehen, sind sie sogar die obersten Nutznießer. Der Erfolg des Systems ist unmittelbar ihr eigener, somit kann tendenziell nicht erwartet werden, dass Politiker das System ändern. Die Konsumgüterindustrie wird nie aufhören, uns zum Konsum zu verführen, ein Controller wird nie aufhören, Kosten zu senken, der Staat wird nie aufhören, Normen zu erlassen etc. Es kommt nicht von ungefähr, dass das freie Europa mit großem Eifer Werbeverbote und Normierungen anstrebt. Das perfekte System (aus der Sicht des Systems) ist jenes, wo der einzelne zitternd am Leben bleibt.

Einsamkeit – ein Versagen?

Einsamkeit ist in ihrer extremen Ausprägung irgendwann einmal Isolation und Beziehungslosigkeit. Einsamkeit endet, wenn sie nicht gewollt wird und aus subjektiver Sicht zu lange dauert, in Verlassenheit. „Von der Welt verlassen" zu sein, ist ein tragisches Schicksal für ein Gemeinschaftswesen wie den Menschen.

Doch Sozialpolitik und Wissenschaft kennen schon keine positive Einsamkeit mehr, sie verstehen sie in ihren Studien nur noch als Vereinsamung, welche als Millionenschicksal beschworen wird, als Defizit im sozialen Gefüge. So interpretiert auch der Einzelne seine Einsamkeit als ein Versagen.

Wenn wir aus Angst vor Vereinsamung jegliche Einsamkeit fürchten und meiden, enden wir im Gegenteil – in einem zwanghaften Sozialrausch. Permanente private Termine und Vereinbarungen, ehrenamtliche Tätigkeiten und zahlreiche Festivitäten dienen dazu, sich und der Welt darüber Zeugnis zu geben, dass man nicht alleine sein muss. Solange, bis man gar nicht mehr kann.

Beschleunigung - Speed Kills

Wir schmunzeln über die Bedenken beim Aufkommen der Dampflokomotive Ende des 18. Jahrhunderts, als es hieß, der menschliche Körper werde dieser Beschleunigung nicht standhalten. Stimmt natürlich nicht. Wir halten ziemlich viel aus. Auch das Tempo der durchindustrialisierten Welt. Und weil wir es irgendwie noch aushalten, machen wir mit. Ein indianisches Sprichwort sagt, der Mensch muss beim Reisen ab und zu anhalten und der Seele die Chance geben nachzukommen. Beschleunigen und Bremsen. Letzteres ist beim allgemeinen Tempo fast verkehrsbehindernd.

„Wir werden krank, weil wir auf krankmachende Weise handeln" (Louis Jourard). Krankheit lag natürlich nie in der Absicht des Menschen. Sie ist eine Kontraindikation allgemeinen Fortschritts. „Der brillentragende Mensch erfindet die Werkzeuge außerhalb des Körpers", wie Italo Svevo anmerkt. „Der Mensch wird immer klüger und schwächer. Ja, es ist sogar klar, dass die Klugheit mit der Schwäche zunimmt. Die ersten Werkzeuge des Menschen glichen Verlängerungen des Armes und konnten nur durch dessen Stärke wirksam werden. Nun aber hat die Maschine keine Beziehung mehr zum Körper. Und diese Maschine ist es, die die Krankheit hervorruft, weil sie sich dem Gesetz entziehen kann, dem die schöpferische Natur unterworfen ist." Das Unheimliche an dieser Entwicklung ist nicht, „dass die Welt zu einer durch und durch technischen wird. Weit unheimlicher bleibt, dass der Mensch für diese Weltveränderung nicht vorbereitet ist", wie Martin Heidegger feststellt.

Die Evolution, also die genetische Anpassung an Umweltveränderungen, hinkt dem atemberaubenden Tempo, mit dem der Mensch die Umwelt verändern kann, hinterher. Daher können wir von ihr auch nicht erwarten, dass sie uns genetischen Schutz gegen unser selbst geschaffenes Überangebot an Reizen nachreicht. Mit jeder technischen Neuerung muss der Mensch einen Schutz gegen allfällige gesundheitliche Nebenwirkungen mit erfinden. Das gelingt mit zunehmender Geschwindigkeit immer schlechter, weil die Zeit zwischen zwei Entwicklungsschritten kaum ausreicht, das Ausmaß der Entwicklung zu verdauen. Unter diesem Zustand leidet nicht das Individuum alleine, sondern das gesamte System. Die Produktzyklen der Wirtschaft rotieren zum Beispiel schon so schnell, dass Innovationen die Serienfertigung von Produkten überholen. Ein leitender Angestellter eines Telekommunikationskonzerns sagte mir einmal in einem Interview: „We are far ahead of our competitors. At least half a year." Das mag ein Vorsprung sein, den man noch messen, aber kaum mehr kapitalisieren kann. Wenn alle gleich schnell sind, gibt es keine Sieger mehr. Dennoch steigen alle zusätzlich aufs Gas, weil das System so aufgebaut ist. Der Aufwand, bei hohem Tempo das Tempo noch mehr zu erhöhen, ist aber enorm. Er unterliegt dem Prinzip des fallenden Wirkungsgrades. Die Differenz zwischen 50 und 100 sowie 200 und 250 km/h ist für ein Kraftfahrzeug gleich groß, aber welch ein Unterschied für die Leistungsfähigkeit von Mensch und Maschine, diese Spanne zu überbrücken! Es ist höchst notwendig, dass die in unserer Wettbewerbsgesellschaft vorherrschende Idee, schneller sein zu müssen, von einer anderen Idee abgelöst wird. „Speed kills" hieß der Triumphschrei rascher Erneuerung, der auch von der Politik verwendet wurde. Man meinte damit, dass die eigene Geschwindigkeit (bei der Innovation von Produkten, beim Setzen von Themen) die anderen killt. „Speed kills" heißt nichts anderes als: Geschwindigkeit tötet. Wen genau, erweist sich erst, wenn die Raserei losgeht.

Informationsflut - News Around the Clock

„Noch nie waren so gut versorgte Menschen so sehr in Abbruchstimmung", stellt Peter Sloterdijk fest. Vielleicht liegt es daran, dass es uns einerseits materiell immer besser geht, wir aber andererseits wie noch keine Generation zuvor mit schlechten Nachrichten konfrontiert sind. Das muss man erst einmal aushalten. Die Massenmedien projizieren heute in wildem Stakkato Katastrophenmeldungen aus aller Welt in unsere Wohnzimmer. Kriege und Seuchen, Wassermangel in Äthiopien, herabstürzende Meteoriten, ein spektakulärer Mordfall (und natürlich nur ein spektakulärer!) in Mexiko. Es ist ein weltweites Leiden und Sterben, ein Vergewaltigen und Töten, dass einem der Atem stockt. Das war in früheren Zeiten nicht besser, aber wir waren nicht rund um die Uhr hautnah dabei. Und wenn nicht gerade gestorben wird, dann sind es zumindest Absonderlichkeiten aus nahen oder fernen Weltregionen, die unsere Eigenheime atmosphärisch aufladen. Wollten wir wirklich etwas über die Geburt und das Schicksal siamesischer Zwillinge in Neu Delhi wissen? Gleichviel wissen wir es nun. Es ist sichtbares Anliegen der Massenmedien, uns alle zeitgleich über alles, was weltweit vorgeht, in Kenntnis zu setzen, sofern es nur spektakulär genug ist. So müssen wir aus einer Flut an „Sensationen" die Informationen herausklauben – ein Selektionsprozess, der kaum mehr zu bewältigen oder psychisch unbeschadet zu überstehen ist.

Um einzelne Häppchen des Nachrichtenbreis, den die Medien anrühren, schmackhaft zu machen, verpacken sie diese grell in „Sensationen" und „Enthüllungen". Die Banalität dessen, was man „nur hier", „exklusiv", „sensationell" und „erstmalig" lesen kann, ist so groß, dass die Bedeutung der verwendeten Begriffe völlig entwertet wird.

Der massenmedial beschallte Mensch muss also nicht nur rund um die Uhr tragische, bedrückende Nachrichten psychisch verarbeiten, sondern sich auch durch ein Dickicht von Superlativen schlagen und mit einer Hysterisierung der Sprache fertig werden. Als Folge wird die individuelle Aufnahmefähigkeit herabgesetzt, worauf die Massenmedien mit noch kürzeren und sensationelleren Schlagwort-Sekundenhäppchen, Talks statt Diskussionen und News-Shows statt Nachrichten reagieren. Die Einheiten, in denen „News" für uns aufbereitet werden, verkürzen sich zusehends, die reduzierte Aufmerksamkeit wird mit raschen Schnitten und Stimulationen gefüttert und wach gehalten. Dadurch passen in die 24 Stunden pro Tag, in denen wir mit News versorgt werden, mehr News hinein. Wir produzieren und konsumieren also Quantität. Die Folge dieser zunehmenden Fülle ist eine weitere Reduktion von Aufmerksamkeit, die durchaus auf den Nullpunkt sinken kann. Unglaublich komplexe Dinge werden dem Konsumenten unglaublich luftig, peppig und kurz präsentiert, damit er sie wahrnimmt. Doch der Konsument zieht den Umkehrschluss, dass man über etwas, was so luftig und flott daher kommt, nicht groß nachzudenken braucht und die Hinwendung nicht lohnt.

Ein zweiter Effekt der Informationsüberflutung und Sprachhysterisierung könnte, wie Reginald Földy schon 1981 befürchtet hat, in einer zunehmenden Beziehungslosigkeit zum sprachlichen Detail liegen. Wenn alles zuviel ist, schaltet man auf „trittsichere Kodierungen". Wir würden zu Sprachtouristen im eigenen Land, die gerade einmal – als Verständigungsminimum – tausend Worte Deutsch sprechen.

So könnten wir langsam in einer zunehmenden Fülle an Informationen verdummen und es wird spannend, die Antwort zu erwarten auf die von Thomas Ady bereits 1656 in seinem Buch über die Hexenjagd des Mittelalters, „Eine Kerze in der Finsternis“, gestellte Frage, ob Völker auch an einem Mangel an Wissen untergehen können.

Die Massenmedien sind heute wie die Schattenbilder aus Platons Höhlengleichnis. Die Gefangenen sitzen angekettet und ohne die Möglichkeit sich umzudrehen in einer Höhle. Ein Feuer brennt hinter ihnen und wirft flüchtige, irisierende Schatten von den Geschehnissen am Höhleneingang an die Wand. Aus diesen seltsamen Schatten reimen sich die Gefangenen eine reale Welt zusammen. Auch wir sitzen angekettet vor den Schattenbildern der Massenmedien. Sie „fabrizieren Persönlichkeiten und bieten uns ein Bild von der Welt, das so falsch ist, wie es nur sein kann“, wie Anaïs Nin in ihrer „Absage an die Verzweiflung“ bemerkt. Die Desperate Housewives sind uns näher als unsere Nachbarn. Die Desperate Housewives sind unsere Nachbarn. Wir tauschen uns über sie aus als gelte es, die Sorgen gemeinsamer Freunde zu bereden. Fernsehen ist eine Wirklichkeit, die keine ist, doch sie ist uns näher als Sitte und Brauch. „In früheren Epochen unserer Kultur [...] schätzte man Menschen mit hervorragenden seelischen und geistigen Eigenschaften am höchsten“, bedenkt Erich Fromm. Doch heute stehen im Licht der Öffentlichkeit Leute, „die dem Durchschnittsbürger stellvertretend ein Gefühl der Befriedigung geben“. Showstars, Spitzenpolitiker, Geschäftsleute, deren Hauptqualifikation darin besteht, von sich reden zu machen. Die Mittelmäßigkeit ist zum Idol geworden.

Stille, eine Untugend

„He not busy being born is busy dying.“
Bob Dylan

Wir sehen also, dass die moderne Welt dezidiert nicht auf Langsamkeit und Stille aufbaut. Mehr noch: beide Begriffe sind Untugenden im Produktionsprozess von Gütern und Dienstleistungen. Was produziert wird, muss rasch produziert werden, und über das Ergebnis muss laut gesprochen werden. Die Produktionszeiträume haben sich generell drastisch verkürzt. Das ist bei Fertigungsverfahren durch den technischen Fortschritt vollkommen einsichtig. Aber es haben sich auch die „Produktionszeiträume" für kreative Produkte, also für Ergebnisse von Fühlen und Nachdenken, verringert. Nicht weil wir heute intensiver fühlen und schneller denken, sondern weil die Auftraggeber kreativer Prozesse sich wie Auftraggeber von Produktionsprozessen verhalten. Sie gehen grundsätzlich davon aus, dass etwas, das getan werden kann, auch schneller und besser getan werden kann. Und billiger, versteht sich. Warum also soll nicht auch schneller und besser und billiger gedacht werden können? Klassische Kommunikationsberufe wie Journalismus und Werbung können daher zunehmend nur auf Basis von Routine funktionieren, weil die durchschnittliche Reifezeit von Ideen nicht mehr eingehalten wird. In diesem Treibhaus besteht der, der Gedankenblitze durch Beifügung dialektischer Emulgatoren wie ausgereifte Konzepte aussehen lassen kann. Ist der Gedankenblitz dann rasch verloschen, glimmt schon matt der nächste. So funkeln manche Geister auch heute noch hell. Eine Fülle von Pointen ersetzt das Konzept.

Nie war das Diktum des deutschen Werbers Michael Schirner – „Werbung ist Kunst" – eigentümlicher als heute, denn die Werbung ist heute im Parallelschwung mit der Wirtschaftswelt so grell und schnell, dass klar ist, wie sehr sie getrieben wird und wie wenig ein künstlerischer Impuls abgewartet werden konnte. Die Kunst der Werbung besteht darin, das auszuhalten. Eher schon muss man heute feststellen: Kunst ist Werbung. Die Kunstproduktion (welch ein Wort!) unterwirft sich zunehmend dem Diktum des Marktes und seiner Bedingungen, wird also selber eher zu Werbung – schnell, pointiert, vergänglich – als dass Werbung jemals zu Kunst würde.

Der rasante technische Fortschritt wird also generell nicht dazu genutzt, uns selbst Ruhe und Besinnung zu gönnen, vielmehr werden Ruhe und Besinnung im allgemeinen Tempo aufgehoben und selbst das Denken und andere Ausprägungen von Menschlichkeit müssen maschinell funktionieren. Unsere Haushalte sind voll von Arbeitshilfen und doch sind wir so überlastet wie nie zuvor. Wir nutzen paradoxerweise die Technik nicht, um uns Erleichterung zu verschaffen, vielmehr verschafft sie uns zusätzliche Mühsal, weil wir die gewonnene Zeit umgehend für neue Aktivitäten investieren. Ein riskantes Investment. Wir erfinden Maschinen, die bestimmte Dinge unglaublich schnell erledigen und machen dieses neue Tempo zum Metrum für uns selbst, vergessen also, kaum dass wir eine Maschine eingeschaltet haben, dass wir Herr über sie sind. In den Terminator-Filmen drohen die Maschinen die Weltherrschaft zu übernehmen. Diese Utopie ist längst Wirklichkeit geworden. Der Mensch hat sich mit der von ihm geschaffenen Technik synchronisiert und ist mit ihr zu einem gemeinsamen System verschmolzen. Dieses System ist auf Lärm und Schnelligkeit programmiert. Wir haben nie versucht, wie man – einem Vorschlag Heideggers zufolge – gleichzeitig „ja" und „nein" zur Technik sagt. Wir könnten „ja" sagen zur unumgänglichen Benützung der technischen Gegenstände, und wir könnten zugleich „nein" sagen, insofern wir ihnen verwehren, dass sie uns „ausschließlich beanspruchen und so unser Wesen verbiegen, verwirren und zuletzt veröden". Doch anstatt uns solch eine befreiende Gelassenheit zu den Dingen anzueignen, haben wir uns in Knechtschaft an sie geschmiedet.

Sonntagsruhe

Am siebenten Tage sollst du ruhen. Das ist eine gute Regel, eine der schönsten der Bibel. Das eigentlich Schöne liegt darin, dass diese Regel für alle zugleich gilt, dass also alle gemeinsam am siebenten Tage ruhen sollen. Dass jeder irgendwann einmal ruhen muss, ist offensichtlich, und selbst die auf Effizienz bedachte Industriegesellschaft gesteht ihren Protagonisten Ruhe zu, nur wird sie zunehmend zu einer individuellen Ruhe. Die persönliche Ruhe wird von der allgemeinen abgekoppelt. Der eine hat am Montag, der andere am Dienstag, der nächste wiederum am Mittwoch seinen freien Tag. Jeder hat den seinen, doch wir alle haben keinen Gemeinsamen. Denn das gemeinsame Ganze darf nie still stehen. Die Ladenöffnungszeiten dehnen sich immer weiter aus. Ein Land beschließt die komplette Aufhebung der Öffnungszeiten. Jeder darf immer offen halten und seine Waren feilbieten. Ein Schock – für das Nachbarland. Es befürchtet einen Kaufkraftabfluss und zieht nach. Bis die Räder nicht mehr still stehen, die Leuchtreklamen nicht mehr abgeschaltet werden und die Büros rund um die Uhr besetzt sind. Aus ökonomischer Sicht ist das wahrscheinlich klug, aus menschlicher verheerend.

Freizeit zu haben, wenn alle anderen arbeiten, beschert vielleicht schadenfrohe Momente oder ermöglicht es, Dinge zu erledigen. Die individuelle Freizeit bei dauernder allgemeiner Geschäftigkeit ist ein ökonomischer, effizienter Zustand. Aber welch ein seelisch befreiender Akt, am Sonntag nicht arbeiten zu dürfen und in eine allgemeine Stille geworfen zu werden!

Der Sabbat gibt der Menschheit Autonomie über ihr Tätigsein. Sie muss ihre Tage im Schweiße ihres Angesichts verbringen, aber eben nicht alle Tage. Irgendwann, so die biblische Botschaft, darf es auch genug sein. Es ist genug, bevor es wieder losgeht. Die Tiere kennen keinen Sonntag. Sie müssen Tag für Tag ohne Unterlass für ihr Futter und um das Überleben kämpfen. Kampf ist natürliche Gegebenheit. Der Sabbat hingegen ist eine große kulturelle Idee. Er hält die Zeit an, indem er zulässt, dass für alle Ruhe und Frieden ist. Es ist ein behagliches Gefühl, dass das große Räderwerk auch einmal still steht. Jeden siebenten Tag. Für alle Menschen. Die Welt hält den Atem an. Kein Wettbewerb, kein Stress, keine Getriebenheit, keine Möglichkeit, etwas zu kaufen. „Die Abwesenheit von allem Beschreibbaren" als Übereinkunft. Der Sonntag zeigt uns, dass wir in jeder Hinsicht abschalten können. Sieh an – wenn wir wollen, können wir auch anders. Wenn es aber keinen Sonntag mehr gibt, weil er zu einem normalen Arbeitstag mit allem Geschiebe und Getriebe geworden ist, dann haben wir beschlossen, nicht mehr abzuschalten. Eine weitreichende Entscheidung! Wir verhindern den Kaufkraftabfluss durch individuellen Kraftabfluss. Das System ist gesund, seine Einzelbestandteile sind krank.

Wie wir die Stille verlieren. Das ruhelose Selbst.

Die Stille geht uns nicht einfach nur verloren. Wir lassen sie auch bewusst fallen. Hinter dem leicht dahin geseufzten Lamento, dass wir einfach keine Zeit mehr haben und keine Ruhe finden, verbirgt sich die Angst, dass wir Zeit hätten und Ruhe fänden. Zeit haben wofür? Für uns selbst? Jeder sollte eine Stunde pro Tag mit sich alleine sein, meinte einmal der Dalai Lama – natürlich ohne den Fernsehapparat aufzudrehen oder über einem Glas Prosecco und lauter Musik einzudösen. Einfach konzentriert nichts tun! Das erfordert durchaus vitale Energie. Man ist auf sich selbst geworfen und muss mit sich zu Rande kommen. Möglicherweise denkt man sogar etwas. Einsamkeit macht Angst. Uns wird die Stille von „den Umständen" geraubt und insgeheim sind wir schon fast dankbar dafür. Denn wir ertragen Stille kaum mehr. Sie ängstigt uns. Wenn bei einem Fußballspiel eine Trauerminute abgehalten wird, so dauert diese maximal 40 Sekunden, oft nur 20. Einem voll besetzten Stadion ist eine ganze Minute Stille nicht mehr zuzumuten. So entäußern wir uns der Stille aktiv aus eigenem Antrieb.

Die meisten Maßnahmen zur Vertreibung von Stille haben mit einem fragwürdigen Umgang mit Zeit zu tun. Wir müssen sie strukturieren, um ihr Sinn beizumessen. Können wir sie nicht mit Leben füllen, schlagen wir sie tot. Irgendetwas müssen wir mit der Zeit, in der wir gefangen sind, anstellen. Nehmen wir uns daher kurz Zeit für die Zeit.

Ein kurzes Kapitel über die Zeit

Der Mensch sprach: Es wird Zeit. Und es wurde Zeit! Die Zeit hat im Laufe der Zeit eine Bedeutung gewonnen, die erhabener ist als unsere Möglichkeiten, sie zu gestalten. Die Zeit ist uns so unendlich wichtig, weil sie unsere Fragestellung nach dem

Göttlichen definiert. Die Menschheit ist, physikalisch gesprochen, im Zeitpfeil gefangen. Wir können die Richtung der Bewegung nicht umkehren, so wie eine Kugel auf einer Kugelbahn ihre Fahrt nach unten nicht beeinflussen kann. Könnte eine Kugel denken, würde sie über die Göttlichkeit des Oben und Unten nachdenken, denn jeder Gedanke will Ursachen und Wirkungen auf den Grund gehen. Die träge Hand eines Kindes hat die Kugel oben auf die Kugelbahn gelegt. Sie rollt und rollt, genießt den Ausblick, beginnt Fragen zu stellen. Woher komme ich, wohin gehe ich? Was mag wohl oben sein, wo ich herkomme. Sie kann nicht zurück, um es herauszufinden, es bleibt Bestandteil von Spekulationen. Uns Menschen sind das räumliche Oben und Unten oder Links und Rechts egal und eben nicht Bestandteil metaphysischer Überlegungen, weil uns Oben und Unten zugänglich sind. Wir können nach links gehen und sehen, dass dort nichts Mystisches ist. Auch nicht oben und unten, nirgendwo im dreidimensionalen Raum. Er ist zugänglicher Bestandteil unserer Welt. Das Göttliche vermuten wir ja immer nur im unzugänglichen Raum. Vergangenheit und Zukunft sind uns ganz und gar unzugänglich und daher die alles entscheidenden Parameter unserer Metaphysik. Alles wird über Entstehen und Vergehen definiert. Wie die Kugel nicht nach oben zurück kann, so können wir nicht in der Zeit zurück schreiten. Daher knüpfen wir dort mit unserer Gottesvorstellung an. Weil wir dorthin nicht können, muss Gott dort sein. Die Zeit ist das große Mysterium und wir finden keine Sprache dafür. „Was also ist die Zeit?“, fragt Augustinus, „wenn mich niemand danach fragt, weiß ich es; will ich es einem Fragenden erklären, weiß ich es nicht.“ Wir wissen es nicht, aber wir messen sie. Wenn wir sie nicht verstehen, so segmentieren und vermessen wir sie umso heftiger und hoffen, sie so in den Griff zu bekommen. Wir wollen Zeit haben, können aber ausschließlich ihr Vergehen in kleinsten Einheiten bestimmen. Mit jedem Schritt wissen wir, dass er nicht wieder kommt. Es wäre heute sehr schwer, alleine zu sein, meinte Pablo Picasso, weil es Uhren gebe. Die Uhr ist ein Marker und Antreiber, den wir dank Massenproduktion des Industriezeitalters ständig mit uns führen können. Kein Elektroherd, kein Telefon, kein Auto, kein öffentlicher Raum, der uns nicht ständig zeigt, wie die Zeit vergeht. So entsteht in uns das in früheren Zeiten unbekannte Gefühl, dass die Zeit etwas ist, was wir haben, einteilen und verbrauchen können. Und weil die Vergänglichkeit so allgegenwärtig ist, muss die Zeit nicht nur einfach verbraucht, sondern effizient genutzt werden. Das Paradoxe dabei ist, dass wir – je intensiver wir Zeit nutzen oder Zeit „sparen“ – umso weniger davon haben.

Vom Irrglauben, dass man Zeit nutzen muss

„Ich bin nicht krank! Ich habe Arbeit!
Ich muss einen Hinkelstein hauen!
Hab' keine Zeit für Vergnügungen!“
Obelix

Es ist das Missverständnis der Ökonomie, welche das messbare, rasante Verfliegen von Zeit nur so deuten kann, dass man sie als vergängliches Gut effizient nutzen muss. Je mehr wir also in einer Zeiteinheit unterbringen, desto besser. So als wäre Zeit eine natürliche Ressource, die auf großen Zeitfeldern von gigantischen Zeitbohrtürmen gefördert und über Pipelines in unsere Industrienationen transportiert würde. So als zapften wir um teures Geld Sekunden und Minuten an Zeittankstellen, dürften nichts von dieser herrlichen Materie verlieren, zumal sie, je mehr wir verbrauchen, knapper und teurer zu werden scheint. „Zeit ist Geld“, wie wir wissen. Wir tanken das kostbare Gut, haben es und horten es. Bloß nichts davon vergeuden. Wir haben uns, seit wir Zeit messen können, in einen gierigen Nachfragemarkt katapultiert, wo wir um eine knappe, seltene Ressource kämpfen. Die umsichtigen Zeitsparer – also jene, die mit der Ressource vernünftig umgehen – tadeln natürlich jene, welche sie einfach nur vergeuden, sich Zeit lassen, sie sinnlos verbrauchen. So wie die Welt Amerika zu Recht für seinen gigantischen und unsinnigen Verbrauch an Energie tadelt, schimpfen wir mit Müßiggängern und Nichtstuern. Wir müssen effizienter und besser werden, dürfen Zeit nicht verschwenden. Wer nicht genug in seine teuren, kostbaren Zeiteinheiten hineinpackt, weiß wohl nicht, wie endlich die Zeit ist. Die Politiker sagen es ihren Eliten, die Manager ihren Mitarbeitern, die Eltern ihren Kindern. Das ist das Geheimnis des Lichts und des Lärms und des ungeheuren Tempos in unserer Welt. Und das, obwohl jeder schon die Erfahrung gemacht hat, dass man erst dann Zeit hat, wenn man sich Zeit lässt. Dass sie erst dann stehen bleibt, wenn man sie nicht nutzt. Wer Kinder beim Spielen beobachtet, weiß wie das geht.

Verplanung und Projektion - Wir leben nicht in der Gegenwart

Zeit ist keine Ressource, es gibt zum Glück kein großes internationales Zeitbusiness, keine Zeitfördertürme, keine Zeittankstellen und es gibt daher auch keine Zeitknappheit. Alles, was Zeit wirklich „ist“, ist sie in der Gegenwart. Die Gegenwart ist eine schmale Schleuse, die Handlungen von der Zukunft in die Vergangenheit hebt. Sie ist so kurz, dass sie gar nicht messbar ist. Nur im Bewusstsein dehnt sie sich aus und umfasst – wie ein Scheinwerfer, der eine Fläche ausleuchtet – ein Stückchen des Vergangenen in Form der Erinnerung und die Zukunft in Form von Erwartungen. Die Gegenwart hat Augustinus als „angespanntes Hinsehen“ bezeichnet. Mehr ist es nicht. Die drei Dimensionen der Zeit – Vergangenheit, Gegenwart, Zukunft – sind für ihn nur Dimensionen der Seele. Alles, was wir an Zeit empfinden, ist somit irreal. Zeit kann nach momentanem Empfinden gar nicht oder unendlich sein. Sie ist bloß ein Bewusstseinszustand.

Was wir an Zeit „haben“ können, die einzig wirklich verfügbare Einheit, ist das nicht messbare Jetzt. Das hindert uns nicht daran, woanders zu leben. In der Vergangenheit und in der Zukunft, also an unzugänglichen Orten. Der metrische Mensch verbringt sein Leben mit Interpretationen über das Vergangene und Annahmen über die Zukunft. Er ist also nie wirklich da, sondern immer in Reflexion und Projektion. Aus Angst, Zeit zu vergeuden, beginnen wir sie zu verplanen. Wir haben immer etwas vor. Das heißt auch – immer etwas vor uns. Wir wissen schon, was wir heute Abend, nächsten Sonntag zu Mittag und nächstes Jahr im Urlaub machen. Die Sekunden sind prall gefüllt mit Terminen. Sie sind wie Steine, die wir uns selbst in den Weg geworfen haben.

Unsere Gedanken und Sehnsüchte sind daher immer im Morgen oder in der weiteren Zukunft. Wir haben Heils- und Glückserwartungen, die stets für einen späteren Zeitpunkt vorgesehen sind. Vorher, also jetzt, tun wir etwas dafür, damit etwas daraus wird und es zu etwas kommt. Das große Fest, der Familienausflug, der Urlaub, die Pension liegen vor uns. Dahin streben wir unter Aufopferung der Gegenwart. Irgendwann ist jedes Ereignis dann da, ist endlich aus der weiten Zukunft näher und näher gerückt, bis es Gegenwart geworden ist. Und was machen wir? Wir vergleichen es mit unseren früheren Erwartungen, blicken also in die Vergangenheit zurück. Wir schaffen es auf diese Art und Weise, ganz ohne Gegenwart zu leben. „Bei lebendigem Leib keine Lebenszeit haben, ist der Tod" (Erhart Kästner). Doch wer das Paradies in dieser verplanten Welt nicht erreicht, muss nicht verzagen, weil es ja immer noch eine Zukunft gibt – das Paradies im Jenseits.

Nichts tun ist nichts wert

Wenn alles einen messbaren Nutzen haben muss, wird die Frage „Was bringt es?" zum Dolchstoß des Müßiggangs. Es gibt kein „Nichts" in einer Welt, wo dauernd etwas ist, und man kann alles tun, aber niemals nichts. Nichts tun ist wertlos und Synonym für Faulheit. Nur in der ununterbrochenen Beschäftigung mit irgendetwas sehen wir Sinn und selbst aus dem sprödesten Tag muss Sinn und Wert gequetscht werden wie ein Tröpfchen

Saft aus einer alten Zitrone. Wir ertragen es ja schon kaum mehr, wenn wir erwachen und uns an keinen Traum erinnern können. Verlorener Schlaf, wenn er uns keine Erinnerung schenkt! Was sagen wir jetzt dem Therapeuten, der uns nach dem letzten Traum fragen wird? Wir sind im Schlaf leider etwas leistungsschwach, aber wir werden uns bemühen.

So können wir nicht mehr nichts tun, sondern auch nichts um seiner selbst willen. Wir beziehen den Wert nicht aus der Arbeit an sich, sondern aus ihren Folgen: Geld, Prestige, Macht. Die Arbeit erdulden wir wortreich, wie nehmen sie in Kauf für etwas anderes. So halten wir es auch in der Freizeit, wo wir nicht Laufen gehen, um zu laufen. Wir müssen eine bestimmte Strecke bewältigen, oder eine bekannte Strecke in kürzerer Zeit als vorigen Sonntag, oder einen Berglauf mit zunehmend niedriger Pulsfrequenz. Ich erwähne das Laufen, weil es eine der wenigen Tätigkeiten ist, die man bei uns noch ab und zu alleine durchführt. Die zyklischen Bewegungen und die Einsamkeit am Weg ermöglichen meditative Momente, würden wir nicht sofort in einen Wettbewerb mit uns selbst treten und uns übertrumpfen wollen. Mehr und mehr sammeln sich auch Läufer in der Stadt bereits in Herden, so genannten Lauftreffs, um in großen Rudeln zu laufen. Dabei muss das individuelle Tempo an das allgemeine angepasst werden und man muss aufpassen, niemandem auf die Zehen zu steigen. Der dadurch erzielte Verlust des sportlichen und meditativen Moments des Laufens wird in Kauf genommen. Dafür ist der Läufer nicht alleine und kann während des Laufens mit jemandem plaudern.

Überall schleicht sich Leistung ein und presst den Tätigkeiten Sinn ab. Jedes Tun ist Performance und so gibt es in der Leistungsgesellschaft Erholung nur noch in Form von Erschöpfung. Und wenn wir uns doch einmal mit einem Überhang an Zeit ertappen und ihr keinen Sinn abringen können, bleibt uns immer noch die Zerstreuung.

Zerstreuung – Auf der Flucht vor dem Denken

Die Ablenkung der Aufmerksamkeit „von gewissen herrschenden Vorstellungen durch Verteilung derselben auf andere ungleichartige", nannte Immanuel Kant eine Schwäche des Intellekts. Die Aufmerksamkeit, gerade noch gebündelt auf etwas Bestimmtes gerichtet, verteilt sich, wird aufgedröselt, der Gedankenstrahl wird dünn und drucklos. Zerstreuung – ein Horror für einen scharfen Denker wie Kant, und auch Arthur Schopenhauer lamentiert, dass „ein Heer, wenn es zersprengt, das heißt in kleine Haufen aufgelöst ist, nichts mehr vermag". Und genau so könne auch ein großer Geist nichts mehr leisten, sobald er unterbrochen, gestört, zerstreut, abgelenkt wird, „weil seine Überlegenheit dadurch bedingt ist, dass er all seine Kräfte, wie ein Hohlspiegel all seine Strahlen, auf einen Punkt und Gegenstand konzentriert; und hierin eben hindert ihn [eine] lärmende Unterbrechung." Laut dröhnende Musik, Gameboy, permanent laufende Fernsehapparate – die Schwäche des Intellekts findet ausreichend Andockstationen. Wenn die Diagnose Martin Heideggers stimmt – „Der heutige Mensch ist auf der Flucht vor dem Denken" – ist die Zerstreuung zur Hauptbeschäftigung des Intellekts außerhalb der Arbeit geworden. Wir frönen einer Freizeitpassivität, die uns lähmt anstatt uns zu aktivieren. Alarmierendes Signal ist das automatische Aufdrehen einer Schallquelle, sobald man das Eigenheim betritt. Das Radio oder der Fernsehapparat erzeugen einen Klangteppich, der an das permanente Hintergrundrauschen der Welt da draußen erinnert, den Wahnsinn sozusagen verinnerlicht und nach Hause nimmt, anstatt ihn endlich auszusperren und zu sich nachhause zu kommen. Der müde Mensch sollte seine Kräfte wieder sammeln, doch statt Sammlung zerstreut er sich und nennt es Erholung. Sich gehen lassen ist keine Kunst, permanente Ablenkung ist etwas anderes als Ruhe. Der Geist ist in der Zerstreuung nur insofern ruhig, als er wie ein gefährlicher Häftling gewaltsam ruhig gestellt wird. Er soll bloß nicht anspringen und auf Gedanken kommen. Man kann sich eine Musik-CD aktiv anhören oder eine Geräuschkulisse aktivieren. Man kann sich an einem Spielfilm erfreuen oder durch die Kanäle zappen, man kann im Internet etwas Bestimmtes suchen oder wahllos stundenlang surfen. Man kann den Geist mit denselben Mitteln stumpf machen oder schärfen.

In jedem Spielfilm gibt es Handlungen und so genannte Übersprungshandlungen. Letztere sind Handlungen oder Aktivitäten der Akteure, die für sich keine besondere Bedeutung haben, sondern nur dazu dienen, von einer Szene zur anderen überzuleiten. Es sind also Füllszenen, welche die kleinen Hohlräume zwischen den eigentlichen Handlungssträngen ausfüllen. Quentin Tarantino hat das Kunststück zu Wege gebracht, mit „Kill Bill" den ersten Film zu kreieren, der ausschließlich aus solchen Übersprungshandlungen besteht. Er ist eine Summe von filmischen „Riffs", Artefakten und Zitaten, leeren Füllszenen – sehr effektvoll und in summa bedeutungslos. Permanente Zerstreuung heißt, die Freizeit als lange bedeutungslose Übersprungshandlung zwischen zwei Arbeitseinheiten anzulegen. Unser Leben, ein einziges „Kill Bill"? Wenn Sie nicht Bill heißen, setzen Sie bitte Ihren eigenen Namen ein.

Auch Lesen stumpft ab

Auf einer Schallschutzmauer mahnt ein Graffiti: „Sie lenken uns ab, damit sie uns lenken können." Das ist wahr und falsch zugleich. Es ist wahr, denn der, dessen Sinne abgelenkt sind, ist unaufmerksam. In diesem Zustand staunt man über die einfachsten Tricks, wie jeder Tischzauberer und Politiker weiß. Doch Unaufmerksamkeit ist ein Geisteszustand, also etwas in uns. Die Möglichkeiten, den Geist abzulenken, sind enorm, doch die Möglichkeiten, sich zu sammeln, ebenso. Der Spruch ist falsch, weil „sie" uns nicht ablenken. Es werden wohl zahlreiche Mittel zur Ablenkung und Zerstreuung bereitgestellt, doch wir ergreifen sie aktiv. Dazu gehören nicht nur die erwähnten üblichen Verdächtigen wie Musikberieselung, TV und Gameboy. Auch das gute Buch kann Mittel der Abstumpfung sein. Arthur Schopenhauer hielt nicht viel von Viellesern. Lesen hieße fremde Gedanken zu übernehmen, anstatt selbst zu denken. Jedes Gelesene braucht auch Zeit, um bedacht zu werden. Wer Buch um Buch verschlingt, betreibt Textkonsum und verdaut nicht. Notorische Leseratten sind also in keiner besseren intellektuellen Position als der dumme Bub mit seinem Gameboy. Überhaupt ist Lesen die klassische Pseudobeschäftigung des Bildungsbürgers bei Müdigkeit. Er ist noch nicht müde genug, um zu schlafen, aber nicht mehr wach genug, um einem Text folgen zu können. Solange ein Rest Vitalität da ist, muss sie genutzt werden. Keine Sekunde des wertvollen Lebens darf unausgefüllt bleiben, daher lesen wir im Bett. Die Buchstaben flirren schon vor den Augen, aber wir arbeiten die Seiten eines Romans ab. Es ist egal, worum es geht, solange etwas weiter geht. Noch 10 Seiten geschafft vor dem Einschlafen. „Wenn ich hungrig bin, esse ich; wenn ich müde bin, schlafe ich. Die Narren lachen mich aus, aber die Weisen verstehen mich“ (Rinzai Gigen, Begründer einer Zen-Schule in China).

Urlaub – mehr derselben Reizüberflutung

„I've never seen the east coast
until I moved to the west.“
Tom Waits

Man muss weg sein, um nach Hause zu kommen. Man muss zu Hause sein, um Fernweh zu fühlen. Die Welt ist in Kontrasten aufgebaut. Wir brauchen den Schlaf, um wach sein zu können. Wir brauchen den Abstand, um die Nähe zu ertragen. Wir müssen Muskulatur und Geist entspannen, um sie wieder anspannen zu können. Wir brauchen die Stille, um hören zu können. Und umgekehrt. Die andauernde Stille ertragen wir ebenso wenig wie den andauernden Lärm. Mystiker, Zölibatäre oder Asketen, die sich einem bestimmten entsagungsreichen Zustand auf

Dauer verschreiben, sind die Ausnahme. Für den „normalen" Menschen entsteht Wohlbefinden durch eine sanfte Pendelbewegung zwischen den Polen. So brauchen wir auch den Urlaub, um arbeiten zu können.

Wir sprechen von Erholung und meinen Erlebnis. Wir wollen den Urlaub abwechslungsreich, amüsant, außergewöhnlich, spektakulär. Wenn man die moderne Freizeit- und Vergnügungsindustrie beobachtet, erkennt man unschwer, dass der Urlaub mit Kategorien des Arbeitslebens gemessen wird. Wir übernehmen die Maßstäbe unserer Arbeit für die Zeit, in der wir uns von ihr erholen sollten. Wir planen, organisieren, trachten nach Effizienz und machen natürlich Reportings in Form dicker Fotoalben. Wir machen Urlaub, um etwas zu leisten und um uns mit dieser Leistung zu schmücken. Der Urlaub, der dem arbeitenden Menschen zur Erholung von Stress und Reizflut dienen soll, ist längst selbst Bestandteil eines Reiz- und Erlebnisrausches geworden. Diese Berge müssen bestiegen, diese Theaterstücke müssen konsumiert und jene Sehenswürdigkeiten besichtigt werden. Es geht sich kaum aus, was man alles in dieser einen Urlaubswoche geplant hat. Doch es muss getan werden, um der Erholung willen. Und es muss fotografisch und filmisch dokumentiert werden – als Nachweis, dass man es getan und sich prächtig amüsiert und erholt hat. Dafür nimmt man gerne den Stau auf der Autobahn bei An- und Abreise in Kauf. Der Urlaub ist so nicht das Andere, sondern nur mehr desselben, somit eine Fortsetzung der Überflutung mit anderen Mitteln.

Den Urlaub festhalten

Der Dokumentationswahn in Form von Fotografie und Film ist dabei sichtbarstes Merkmal eines leistungsorientierten Urlaubsverständnisses. Wir erinnern uns in Form selbst angefertigter Dokumentationen an das, was wir hätten erleben können, wäre unser Kopf nicht dauernd auf der Suche nach tollen Motiven. Die Landschaft wird durch ein Objektiv mechanisch vermittelt betrachtet, man ist dadurch nicht selbst hier, hält wie als Schutzschild einen Abstandshalter zwischen sich und die Fremde, in die man sich gewagt hat. Der Film- oder Fotoapparat hängt schwer am Hals und am Gewissen, stets bereit etwas fest zu halten. Das Ärgerliche am Urlaub ist die Bewusstwerdung der Flüchtigkeit der Momente. Diese Hafenpromenade, dieser Berggipfel mit seinem unfassbaren Fernblick, dieser sommerheiße Marktplatz mit der ausgelassenen nächtlichen Menschenansammlung sind weg von uns, sobald wir abreisen. Die Straßenecke vor unserer Haustür passieren wir täglich, aber hier, hier… Hier sind wir nur jetzt und wir wollen es verzweifelt halten. So verbringen wir einen Gutteil der ohnehin spärlichen Zeit in fremden Ländern mit Abwesenheit. Wir sind körperlich und geistig nicht präsent, sondern hinter einem Sucher, weil wir das, was jetzt sein könnte, für später retten wollen. Wir verschieben einen Teil des Urlaubs auf später – auf jenen Moment, wenn wir uns anhand der entwickelten Bilder daran erinnern wollen. Dieser Aufschub lohnt letztlich nur, wenn wir das Sekundärerlebnis zu Hause teilen können. Wir sind daher bereit, uns von Freunden einen langatmigen Diavortrag über deren Urlaub in Kalabrien anzusehen, weil sie sich im Gegenzug unsere zwei Fotoalben vom Kenia-Urlaub anschauen müssen. Ein wichtiger Bestandteil des Urlaubserlebnisses moderner Menschen ist also das gemeinsame Betrachten von Urlaubserinnerungen. Eine in unserem Kulturkreis kaum vermeidbare Situation, die Gegenstand zahlreicher Witze ist. Wen soll das alles interessieren? Wahres Interesse entsteht erst dort, wo es etwas zu erzählen gibt. Erzählen kann man erst, wenn man wach und aufmerksam war. Unmäßige Fotografie ist das Gegenteil. Sie ist strategische Unaufmerksamkeit und Ablenkung.

Der Urlaub als Himmel auf Erden

Mit dem Urlaub sind große Sehnsüchte verbunden. Der Urlaub muss es übernehmen, in drei Wochen all das zu erfüllen, was sich der arbeitende Mensch in 49 Wochen versagt hat. Der Urlaub muss regenerieren, entspannen, aktivieren, die Beziehung zu Eltern/Kindern/Partnern intensivieren oder gar bessern. Er muss Erlebnisse kultureller, sportlicher und amouröser Natur beinhalten, faszinierende Begegnungen mit freundlichen Einheimischen, kulinarische Entdeckungen und neue Fertigkeiten wie etwa Tauchen oder Eisstockschießen auf der Habenseite bilanzieren. Kurzum: er soll einfach so sein wie es im Werbeprospekt verheißen wird – der Himmel auf Erden.

Damit bürden wir ihm in unseren Erwartungen mehr auf als er leisten kann, freuen uns so sehr auf ihn, dass er eigentlich nur eine Enttäuschung werden kann. So teilt er das traurige Schicksal anderer überfrachteter Institutionen, wie etwa die „Ehe" oder die „Silvesterparty". Es kommt nicht von ungefähr, dass nach den Sommerferien die Partnerschaften tendenziell eher nicht gekittet sind, sondern die Scheidungsraten steigen. Das Leben und die Liebe lassen sich nicht im Urlaub nachholen. Zwei gehypte Institutionen – Ehe und Urlaub – werden plötzlich auf den Prüfstand gehoben und es erweist sich, dass der Partner nur ein ganz normaler Mensch und der Urlaub nur eine ganz normale Zeit im Jahr ist. Wie enttäuschend für unsere großen Erwartungen. Angesagte Feste finden eben nicht statt. Die beste Party entwickelt sich spontan aus einer Laune heraus. Erholung liegt in einem unerwartet geschenkten Nachmittag. Will man ein Fest, einen Urlaub oder eine Partnerschaft zum Himmel auf Erden machen, landet man mit ziemlicher Sicherheit in einer Hölle. Damit ist nichts gegen Urlaub, Ehe und Silvesterparty gesagt, aber alles gegen die brüllenden Superlative, mit denen wir unsere Reiseziele formulieren.

Heinrich Bölls Fischer, selbst erlebt

„Und es blieb keine Spur von Mitleid mit dem ärmlich gekleideten Fischer in ihm zurück, nur ein wenig Neid."
Heinrich Böll

Die Tätigkeiten, die der System- und Lebenserhaltung dienen, haben sich mit zunehmender Industrialisierung vom natürlichen Rhythmus des Menschen abgekoppelt. Der steinzeitliche Jäger, der in unserem heutigen Sinn nicht zur Arbeit gegangen ist, lebt nur fort in der von Heinrich Böll erzählten „Anekdote zur Senkung der Arbeitsmoral", wie sie mir selbst vor über 20 Jahren an einem Strand im Süden von Kreta widerfahren ist. Wir haben als Tramper am Strand geschlafen und um 5 Uhr früh einen Fischer beobachtet, der in seinem kleinen Boot hinausgefahren und am Vormittag mit zehn Fischen zurückgekommen ist. Den Besten hat er für sich behalten, die anderen hat er an die einzige Taverne am Strand verkauft oder gegen andere Nahrungsmittel eingetauscht. Am späten Vormittag hat er sich immer auf ein Bier und einen Ouzo zu uns gesetzt. Am Nachmittag hat er seine Netze geflickt. Wenn es nichts zu flicken gab, hat er noch ein wenig Bier und Ouzo getrunken. Bis er um 5 Uhr früh wieder aufs Meer gefahren ist, um zehn Fische zu fangen. „He's stupid and lazy", raunte uns der Tavernenbesitzer zu und so fragte ich in Richtung des Fischers: „Why don't you catch more?" Er hat mich über zwei Tische hinweg lange angesehen, an seinem Ouzo genippt, meinen Gedanken wohl abgewogen und dann gefragt: „What for?" Ein Freund von mir meinte, das läge doch völlig auf der Hand. Er müsse mehr Fische fangen, damit er mehr Geld verdiene, um sich einen Urlaub leisten zu können, wo er endlich einmal in Ruhe am Strand sitzen und Ouzo trinken könne. Wir haben herzlich gelacht. Heinrich Bölls Fischer lebt also, aber er ist eine rare Spezies. Der große Rest der industrialisierten Welt verbringt den Tag mit dem Fangen möglichst vieler Fische. Und irgendwann fahren wir dann auf Urlaub, um uns zu erholen. Es versteht sich, dass der Urlaub, den wir uns hart erarbeitet haben, dann etwas Besonderes sein muss.

Wellness, eine Massensehnsucht nach Individualität

Weil der klassische Urlaub des modernen Menschen die Chance auf Stille und Erholung massiv verspielt hat, wurde Wellness als Sonderform des Urlaubs erfunden. Der Wellness-Boom ist Symptom eines Defizits des Individuums. Wir fühlen uns alleine nicht mehr „well" und brauchen Wellness-Angebote zur Entspannung, Entschlackung und Entsorgung des Alltags. Für dieses individuelle Bedürfnis, zu sich selbst zu kommen, wurden Tempel gebaut, wo die Wellness suchenden Individualisten in Thermalbecken und Ruhezonen gesammelt werden. Ist es nicht eigenartig, dass tausende Menschen an einen Ort mit ausgewiesener „Ruhezone" anreisen, um dort aufeinander zu prallen? Die Ruhezonen sind natürlich höchst notwendig, denn in den Wellness-Oasen herrscht an verregneten Samstagen ein Lärm, wie man ihn sonst nur von Flughäfen oder Großbaustellen kennt. Die Erholungssuchenden begeben sich in einen Kampf um Liegeplätze, ein unvermeidliches Aufeinanderprallen unvereinbarer Interessen zwischen Spaß, Sport und Erholung und im Falle warmer Thermalbäder zusätzlich in eine hygienische Ausnahmesituation. Die Wellness-Oase ist der Traum vom Paradies, doch sie behauptet eine Welt, deren Gegenteil sie notgedrungen ist. Es ist Wesen der Industrie, dass individuelle Bedürfnisse mit hohen Faktoren multipliziert werden müssen, damit ein rentables Produkt entsteht. Individualität mal zehntausend ist Masse. Das Hochrechnen individueller Bedürfnisse zu einem Industrieprodukt funktioniert daher gerade bei der Sehnsucht nach Ruhe und Stille nicht. Wellness lässt sich nicht in „Oasen" zusammenfassen. So bleiben die Wellness-Oasen bloß Horte einer Massensehnsucht nach Individualität.

Wellness statt Wohlempfinden

Auch abseits ausgewiesener Wellness-Tempel bleiben die Wellness-Angebote Tropfen auf unseren heißen Sehnsüchten. Fühlen wir uns etwa wohler, weil wir in Schlammpackungen gelegen und energetische Massagen empfangen haben? Nein, das hat an uns nichts geändert, zu homöopathisch waren die Dosen. Etwas anderes hat uns gut getan: die Gewissheit, dass uns Pflege widerfahren ist, dass es nur um uns gegangen ist, dass wir einfach nichts tun brauchten dort am Massagetisch und im Schlamm. Dieses Nichtstun war angenehm strukturiert, so dass es wie Betätigung ausgesehen hat, denn das reine Nichtstun ertragen wir ja nicht. Was sich Wellness nennt, doktert hilflos an unseren Körpern herum und meint doch etwas anderes – den Geist. Und die Ruhe, die er braucht.

Wie wir schon gesehen haben, ist Stille angstbesetzt und aktives Nichtstun sozial nicht akzeptabel. Daher delegieren wir in Form von Wellness-Angeboten unser Wohlbefinden an jemand anderen, ergeben uns passiv in andere Hände. Stille hingegen würde eigene Aktivität, aktive Hinwendung zu sich selbst erfordern. Stille gibt es erst, wenn der letzte Schrei des Körperbewusstseins verklungen ist. Wären wir dazu imstande, könnten wir das zum schalen Hype verkommene Wort Wellness tatsächlich empfinden. Aber so haben wir heute eben Wellness statt Wohlempfinden und die Größe und Vielzahl der dem Begriff gewidmeten Oasen beschreibt nur das Ausmaß der verzweifelten Sehnsucht, ohne uns ihr näher bringen zu können.

Wir brauchen Stille im Alltag, um sie im Urlaub finden zu können

In der Freizeit ist man „frei von“ etwas. Man ist frei in seinen Entscheidungen, in der Wahl seines Aufenthaltsortes und in der Wahl der Aktivitäten. Vielleicht ist der Urlaub (als verlängerte Freizeit) überhaupt die einzig verbliebene Raumzeit menschlicher Freiheit. Das erklärt womöglich die großen Sehnsüchte, die mit dem Urlaub verbunden sind und zugleich das Scheitern daran. Wenn Freiheit im Alltag nicht ausreichend vorkommt, warum sollen wir dann plötzlich im Urlaub sinnvoll mit ihr umgehen können? Wenn wir im Alltag keine Stille finden, wie sollen wir dann plötzlich im Urlaub mit ihr zu Rande kommen? So behaupten wir – wenn wir nach unseren Urlaubsmotiven gefragt werden – unverdrossen, dass wir uns erholen wollen, sind aber zu einem erholsamen Urlaub kaum fähig. Wenn alles im so genannten Alltag laut, schnell, geregelt und normiert ist, so ist der Urlaub dominiert davon, woanders zu sein, also geografische Distanz zum Alltag aufzubauen. Wir fahren, wenn wir verreisen, nicht „hin zu", sondern primär „weg von". Wir sind Getriebene, die wie ungleiche Magneten abgestoßen werden. Weg von zuhause, weg von der Arbeit. Das Fatale ist, dass es dann dort (wo auch immer das sein mag) nicht viel anders ist. Der Alltag kommt mit, denn wir können nicht alles, wovon wir weg wollen, zurück lassen. Schließlich normieren wir den Tagesablauf im Urlaub, wie wir es von zu Hause gewohnt sind, lassen uns die Tageszeitung nachschicken und nehmen das Handy in den Strandkorb mit. Wir wollen, aber können kaum anders. Solange wir nicht ein wenig Stille in den Alltag bringen, werden wir sie im Urlaub nicht finden können und die Kluft zwischen Urlaubsmotiven und tatsächlichem Freizeitverhalten wird atemberaubend groß bleiben.

Ungeduld

Ungeduld tritt zwischen einem Wunsch und seiner Erfüllung auf. Es ist das Kribbeln desjenigen, der nicht mehr warten mag. Dieses Gefühl stellt sich in der beschleunigten Welt immer früher ein. Wir wollen uns immer weniger vertrösten lassen, sondern das, was uns angeboten wurde, früher haben. Die moderne Marktwirtschaft lehrt, dass das so geht. Sie verkürzt zunehmend alle Wartezeiten. Das Warten auf eine Reparatur, auf ein Offert, eine Lieferung oder auf eine Antwort soll eine akzeptable Zeitspanne nicht überschreiten, wobei das akzeptable Maß zunehmend gegen Null tendiert. Mit dem Wunsch wird zugleich auch die Ungeduld ins Leben gesetzt, sie ist die Unruhe des Konsumenten. Das Scherzwort „Herr, gib mir Geduld. Aber gleich!" ist bitterer Ernst. Die moderne Dienstleistungsgesellschaft verwöhnt ihre Kunden, will bei der Schnelligkeit von Anfragbeantwortungen und Reaktionszeiten punkten, und weil wir alle Kunden voneinander sind, bedienen wir uns gegenseitig im Turbotakt. Wir können es kaum mehr erwarten, das Warten verlernen wir langsam. Wer ein E-Mail nicht binnen drei Stunden beantwortet, macht sich verdächtig, wer am Handy nicht abhebt, beleidigt den Anrufer.

Das E-Mail ist ein schönes Beispiel für die Unterwerfung des Menschen unter seine Schöpfungen. Es ist eine geniale Erfindung, die den schnellen Transport von Nachrichten rund um den Globus ermöglicht. Doch mit der verbesserten Zuverlässigkeit und Schnelligkeit der Zustellung erwarten wir auch schnellere Antwort. Es genügt uns nicht, dass die Nachricht früher und sicherer beim Empfänger eintrifft. Ab dem Moment des Einlangens gestehen wir dem Anderen auch keine Bearbeitungszeit mehr zu, erwarten also ungeduldig bereits eine Antwort. Ungeduld ist ein Beschleunigungsmittel. Sie sorgt für die Atemlosigkeit des Gegenübers. Sie will alles schneller haben und weil wir alles schneller bekommen, wird die Ungeduld zusätzlich geschürt.

Wer weiß heute noch, dass Ungeduld eine der fünf großen Versuchungen war, denen man widerstehen sollte? „Geduld und Vertrauen lohnen nicht", lautet die Versuchung des Teufels und es kommt nicht von ungefähr, dass das Vertrauen gemeinsam mit der Geduld auftritt. Vertrauen ist eine Funktion der Zeit. Wer vertraut, muss warten können. Man gibt jetzt etwas hin – Sachwerte, Unterstützung, Liebe – im vollen Vertrauen darauf, es zu einem späteren Zeitpunkt vergolten zu bekommen. Nicht immer bekommt man sofort einen Gegenwert, wie man umgekehrt auch nicht immer sofort etwas zurückgeben kann. Manchmal tut es einfach gut, getröstet zu werden, sich fallen zu lassen und zu wissen, dass man aufgehoben ist. Nüchterner betrachtet ist Vertrauen ein Spiel, das nur dann funktioniert, wenn jeder einmal dran kommt. Ohne solches Vertrauen gibt es keine Partnerschaft. Wer ungeduldig ist, lebt ohne Vertrauen.

Ungeduld beraubt uns der Schönheit des Wartens, die in der Vorfreude ihren Ausdruck findet. Der langsame Anstieg von Spannung belebt die Sinne, richtet sie auf das Kommende ein. Die Erlösung des Moments kann dann überwältigend sein, wenn wir uns vorher auf das Warten eingelassen haben – ein höchst erotischer Zustand, kein sexueller. Wenn man wartet, dann wartet man wohl immer auf etwas, doch das ruhige Warten hat keine konkrete Vorstellung von dem Erwarteten. Zufall ist dem gewogen, der darauf eingestellt ist, wie Louis Pasteur meinte. Die Ungeduld hingegen mag Zufälle nicht und wartet auch nicht, sondern erwartet. Sie hat ganz konkrete Vorstellungen vom Erwarteten. Sie ist daher in Beißlaune. Tritt das Erwartete nicht genau ein, wird Ungeduld zu Unmut. Der moderne Konsument ist vorzugsweise Beschwerdeführer. Wer ungeduldig ist, kann immer nur unangenehm überrascht werden.

Der Beschwerdefall tritt notgedrungen ein, denn: Ungeduld zerstört Qualität. Was schneller gehen muss, kann nicht gleichzeitig besser werden. Diese Gleichung geht nur auf, solange in Produktionsprozessen ineffiziente Abläufe reduziert werden können. Doch wo findet man heute noch erfrischend ineffiziente Abläufe? Wir sind beruflich und privat optimiert und straff organisiert, sodass kaum Potenziale für weitere Straffungen möglich sind. Gleichviel wollen wir weiterhin schneller und besser bedient werden. Doch Fast Food ist kein fünfgängiges Menü und ein Klappsessel aus dem Möbelhaus kein Sessel vom Tischler. Wenn die Ungeduld sich als Geisteshaltung durchsetzt, wird Qualität nur mehr in kleinen Nischen stattfinden. Die Masse wird mit Masse abgespeist, das aber dafür schnell.

Auch Karrieren werden nach dem Prinzip der Ungeduld geplant. Ein beliebiges Beispiel sind die vielen jungen Product-Manager, die in großen Markenartikel-Konzernen eine Produktgruppe verwalten. Sie versuchen innerhalb von rund einem

Jahr den Umsatz dieser Range zu pushen, weil sie diesen Erfolg als Katapult für den nächsten Karriereschritt benötigen. Sie brauchen also rasche Ergebnisse statt langfristiger Erfolge. Die Ungeduld der Karrieristen untergräbt die Qualität der Markenführung und die Firmen lassen das zu, weil sie die rasche Steigerung von Umsatzzahlen wollen. Der andere Product-Manager, der dem einen nachfolgt, wird genau so agieren, die Umsätze werden also zur Freude des Managements permanent gesteigert werden, obwohl sich niemand mehr um die Produkte an sich langfristig kümmert. Irgendetwas an dem Prinzip scheint nicht aufgehen zu können, doch alles wird nach ihm organisiert. Auch der Kapitalmarkt. Weltkonzerne, die seit hundert Jahren erfolgreich am Markt bestehen, liefern Vierteljahresberichte ab und verursachen Dramen unter den Anlegern, wenn die Zahlen eines Quartals sich vom Vergleichsquartal negativ unterscheiden. Ein Quartal! Warum nicht gleich ein Tag? Weiter reicht der Horizont der Ungeduld nicht. Zeiträume haben sich auf Zeitpunkte komprimiert. Der Shareholder will seinen Value und bekommt er ihn nicht sofort, bestraft er das Unternehmen mit Liebesentzug. Firmen, die langfristige, strategische Investitionen durchführen, welche zwar den Bestand des Unternehmens sichern könnten, aber die Ausschüttung von Dividenden eine Zeit lang verunmöglichen, werden an der Börse bestraft und fallen im Ranking. Zu Zeiten der New Economy war es sehr beliebt, Gewinne sofort zu verbuchen, die mit den Geschäften zusammenhängenden Verbindlichkeiten aber nicht sofort in die Bücher zu geben; ebenso wurden Gewinnerwartungen aus langfristigen Verträgen sofort verbucht. Alles mit dem Ziel, dem „Schneller und Besser-Prinzip“ zu dienen. Bekanntermaßen hat das zu einer weltweiten Wirtschaftskrise geführt.

Die industrialisierte Welt hat ihre Wunden geleckt und macht nun mit adaptierter Ethik dort weiter, wohin sie kurzfristig abgerutscht ist. Immerhin werden nun zusätzlich zu den wirtschaftlichen Jahresberichten auch eifrig Nachhaltigkeitsberichte aufgelegt.

Vielleicht wäre das auch ein Weg in der Medizin, wenn der Arzt den Patienten fragt, ob er schnell oder nachhaltig gesunden möchte. Beides geht oft nicht. Je nachdem wird ein Leiden dann ausgeheilt oder niedergedrückt. Die Ungeduld des Patienten hat sich gegen den eigenen Körper gerichtet. Wir müssen funktionieren und daher wollen wir von der Medizin repariert werden. Repariert werden ist nicht ganz dasselbe wie gesund werden (dabei ist Gesundheit, laut Hippokrates, das beste Mittel gegen Krankheit). Schnell auf die Hebebühne, eine Pleuelstange ausgewechselt, und weiter im Trab. Dass Heilung ein Prozess ist, wollen wir seit den Erfolgen der Pharmaindustrie nicht glauben. Es gibt Chemie für alles und die Ärzte sind die qualifizierten Verteilstellen. Wir sind eine Antibiotika-Generation. Die Ungeduld fordert schnelle Wirksamkeit in allen Belangen – in der Problemlösung, im Genuss, in der Medizin. Es wäre eine schöne dialektische Übung der Pharmafirmen, eine Pille gegen Ungeduld zu entwickeln. Aber weil wir vor Ungeduld darauf nicht warten können, zwingen wir uns vorher noch selbst zur Geduld.

Konsum als Ersatzdroge

„Wieviel Eigentum an Grund und Boden
brauchen Sie, um keine Angst
zu haben vor der Zukunft
(Angabe in Quadratmetern)?"
Max Frisch

Die Ungeduld scheint Symptom einer Sucht zu sein. Der moderne Mensch konsumiert Dienstleistungen und Produkte, die großteils der Intensivierung des individuellen Lebensgefühls dienen. Konsumierbare Produkte – wie eine Urlaubsreise auf die Malediven, ein schnelles Auto, eine Kiste Champagner – kann man besitzen, nicht aber das ihnen beigemessene Lebensgefühl. Der Konsum muss erneuert und gar verstärkt werden, um das

Gefühl zu halten. Die Dosis wird erhöht und früher zugeführt, eine Vorgangsweise, die natürlich limitiert ist. Daher die Ungeduld. „Der Konsument ist der ewige Säugling, der nach der Flasche schreit", diagnostiziert Erich Fromm. Nicht in der Intensivierung des Lebensgefühls liegt das Problem, sondern in der Annahme, sie durch Produkte der Warenwelt zu erreichen. Immer wenn wir denken, dass wir etwas brauchen, sollten wir daher misstrauisch sein. Es stimmt nie!

Die Idee des Konsums ist die Vereinnahmung. Das Konsumierte kann dem Konsumenten nicht weggenommen werden, er hat es also zu seinem Eigentum und Besitz gemacht. Damit scheint er sein Lebensgefühl zu haben, so wie er denkt, dass er Zeit haben kann (siehe das entsprechende Kapitel über Zeit). Doch das einzige, was der Konsument dadurch wirklich hat, ist ein ausgeprägtes Suchtverhalten, das ihn zu neuem Konsum zwingt und die Angst auferlegt, das, was er hat, zu verlieren. Wenn sein Lebensgefühl von den Dingen, die er konsumiert, abhängt, dann verliert er sein Lebensgefühl, wenn ihm die Dinge abhanden kommen. Mit einem Totalschaden eines Jaguar Cabriolets kann so auch ein Totalschaden des Ich entstehen. Welch namenlose Angst. Der große Schmerz des Lebens besteht laut Erich Fromm darin, dass wir nehmen und nicht hergeben wollen.

Wir sind immer Zielgruppe

Der Versuch, dem Konsum zu entfliehen, ist ein Kampf gegen Windmühlen. Es gibt keine konsumfreien Zeiten und Räume mehr. Wir sind aus der Sicht der Konsumartikel immer Bestandteil einer Zielgruppe. Es gibt heute keine Aktivität im menschlichen Leben mehr, die nicht vermarktet wird. Kein Aspekt des Lebens, keine Aktivität, welche nicht von einem Wirtschaftszweig unter Kontrolle gebracht ist. Von der Geburt bis zum Sterben begleitet uns eine Markenartikelindustrie mit Angeboten, Lösungen und Preiskämpfen. Wir können also keinen Schritt in der Gewissheit machen, dass er nicht unter

Beobachtung eines Marketingexperten steht. Wir sind stets Elemente einer repräsentativen Stichprobe und einer Zielgruppe – und sei es die Zielgruppe der Konsumverweigerer und Nonkonformisten, für die es natürlich auch eigene Produkte gibt. Wir können uns dem Konsum also nicht verweigern, ihn bloß bewusst und wach durchführen. Die lückenlose Beobachtung unserer Lebenswelten durch das Marketing hat jedoch eine strahlend hell leuchtende Seite. Wenn wir so hektisch beobachtet werden, ist es offenbar nicht gleichgültig, was wir denken und tun. Wir können durch unser So-Sein repräsentative Statements abgeben und Trends setzen, Produktverbesserungen und neue Produktwelten erzwingen. Jede Entscheidung im eigenen Alltag bekommt den Wert einer statistischen Größe. Das ist die befreiende Seite der erlittenen Überwachung und Beobachtung. Aber auch die große Bürde der Verantwortung.

245 kg Genuss

In meinem Bekanntenkreis gibt es einen Mann, der 245 kg auf die Waage bringt. Als ich ihn einmal fragte, wie man zu einer so beachtlichen Leibesfülle kommt, antwortete er: „Ich bin eben ein Genussmensch."

Ein Genussmensch? Herr M. kann kein Auto mehr besteigen, als Fahrer sowieso nicht, aber auch kaum als Fahrgast. Die Sitze vieler PKWs lassen sich nicht soweit zurückschieben, dass er darauf Platz nehmen kann. Ich habe ihn einmal in einem Mini-Van am Beifahrersitz mitgenommen und wir sind bei einer Bodenunebenheit rechts aufgesessen. Wenn er ein Taxi bestellt, ist also ein präzises Anforderungsprofil erforderlich. Er kann sich allerdings auch zu Fuß kaum fortbewegen. Mode ist für ihn kein Thema. Dafür kann er schnell gegen den Durst 16 große Bier trinken, ohne dass diese Wirkung zeigen, und zwei volle Teller als Imbiss zwischendurch zu sich nehmen. Ihn zum Essen einzuladen, ist ein Zeichen von Wohlstand. Von den Genüssen seines erotischen Lebens weiß ich nichts. Aber gewiss ist, dass alles, was auf die Spitze getrieben wird, im Gegenteil endet.

Dazu zwei Beispiele aus der Welt des Automobils: Wir wollen Mobilität für alle. Darum kauft sich jeder ein Auto. Wenn jeder ein Auto hat, gibt es keine Mobilität mehr, sondern nur noch Stau und Parkplatzprobleme. Oder: Die Autos müssen auch am Tag das Licht einschalten – für mehr Verkehrssicherheit. Damit erzeugen sie im urbanen Umfeld einen zusätzlichen visuellen Reiz, der irritiert, stört, ablenkt und den Hysteriepegel anhebt – kurzum: die Verkehrssicherheit minimiert. Jedes Mehr verhindert mit Sicherheit das Angestrebte.

„Genuss" mag für Herrn M. vor 140 Kilogramm noch als Antrieb durchgegangen sein, doch es ist klar, dass hier längst andere Kräfte am Werk sind. Heute ist er das gewichtige Maskottchen der modernen Konsumgesellschaft. Wir stopfen in uns hinein, bis wir unseren „Genuss" nur mehr quantitativ ausstellen können: 245 Kilogramm Lebendgewicht. Innenstadtwohnung, ein Haus auf Capri und ein Appartement in Monaco. Alle Mouton Rothschild-Jahrgänge von 1960 bis heute in 12er Kisten. 1003 Frauen (Don Juan). Der Versuch, Lebensgefühl zu kaufen und zur Schau zu stellen, führt zu einer verzweifelt brüllenden Gier.

Konsum ist nicht Genuss

„weil ich niemals dich anhielt,
halt ich dich fest"
Rainer Maria Rilke

Konsum und Genuss sind einander entgegengesetzt. Die Konsumgüterwelt braucht uniformierten Geschmack, also die Unterordnung vieler Einzelner unter ein gemeinsames Glücksversprechen. Die effiziente und kostengünstige Massenproduktion setzt zwingend ein einheitliches Wunsch- und Geschmacksbild voraus. Genuss aber ist eine Exklusivität, die aus der persönlichen Gefühlswelt (nicht Güterwelt) entsteht. Konsum braucht den Vergleich, um Bedarf zu erzeugen, doch „das Beispiel anderer ist unser Verhängnis", wie Horaz meinte. Wir vergleichen uns. Unsere Glückserwartungen, Lebenssituationen, Erscheinungsbilder. Es ist nichts Schlechtes daran, etwas zu wollen, was andere haben, nur sollten wir nicht „Genuss“ nennen, was als Vergleichscontest angelegt ist. Erst wenn der Konsum Pause macht, kann Genuss entstehen. So hängen Genuss und Stille unmittelbar zusammen. Stille selbst ist ein Genuss und nur in der Stille lässt es sich genießen.

Champagnerfröhlichkeit als Lebensmaxime

Das Dilemma der Industrie ist, dass sie essentielle Bedürfnisse wie „Glück“, „Sinn“ oder „Stille“ nicht produzieren kann. Sie kann ihre Produkte durch Werbung nur mit Duftspuren dieser Bedürfnisse versehen. Sie riechen dann ein wenig danach, sind es aber nicht. Ein Konsumgut verhält sich zu Glück wie ein Duftbäumchen zu einem Wald. Und für das, was die Industrie eigentlich produzieren kann, besteht kein ausreichender Bedarf mehr. Sie produziert gegen eine allgemeine Sättigung an und verhält sich dabei, um ein Bild Adornos zu gebrauchen, wie der wütende Vater, „der die Kinder anbrüllt, weil sie nicht jubelnd die Treppe hinunterstürzen, wenn er misslaunisch aus dem Geschäft nach Hause kommt“. Die Konsumgüter sind Antreiber. Sie schreien uns zu: „Ihr habt uns gewollt, jetzt nehmt uns. Im günstigen Doppelpack. Tut es für euch und die Weltwirtschaft.“ Es mutet mit Adorno seltsam an, dass die „dezidierte Proklamation von Verschwendungssucht und Champagnerfröhlichkeit, wie sie früher den Attachés in ungarischen Operetten vorbehalten war, mit tierischem Ernst zur Maxime richtigen Lebens erhoben wird“. Es ist ein Unterschied, ob man sich von Lust leiten oder begleiten lässt. Einen Begleiter kann man auch einmal freundlich an der nächsten Ecke verabschieden, um sich dann später einmal wieder mit ihm zu treffen. Das geht mit einem „Leiter“ nicht.

Wein oder die Suche nach dem Genuss-Schema

Wir leben in einer Welt, die ihre Möglichkeiten abfeiert, ohne eine davon wahrzunehmen. Dazu müsste man nämlich innehalten und sich, unter Ausklammerung vieler, einer einzigen genussvoll widmen. Doch der Genuss ist heute zu einer theoretischen Beschwörung vieler Genüsse geworden, zu einem parallelen Abfackeln tausender Lichter, von denen man nicht sehend wird, sondern die Augen schließen muss, weil es so grell ist. Diese Blindheit vor lauter Licht wird für Erkenntnis gehalten.

Nehmen wir etwas Beliebiges aus der Welt des Genusses. Nehmen wir den Wein, weil er ein hoch bewertetes Kultur- und Zeitgeistprodukt zugleich ist. Er hat eine lange Tradition, die sich auf das Christliche gründet, und ist seit den sensationellen Bordeaux-Jahrgängen 1989 und 1990 zu einem Prestigeprodukt geworden. Genau dieser Lifestyleaspekt, der ihn zu einem Genussmittel par excellence macht, wird ihm zum Verhängnis. Der Wein wird heute weltweit nach einem einheitlichen Genuss-Schema gefertigt, dessen Eichmaß der Gaumen des weltweit renommiertesten Weinkritikers Robert Parker ist. Bewertungspunkte, die Parker vergibt, bestimmen über das wirtschaftliche Wohlergehen eines Weines. Die Weine zwischen Argentinien und Australien, Bordeaux und Italien werden daher „parkerisiert“, also ihrer je eigenen Identität beraubt und den Vorlieben eines einzigen Menschen angepasst. Diese Vorgangsweise wird von Parker nicht eingefordert, sie ergibt sich implizit aus seinem Schaffen und der ihm zugesprochenen Macht. Parker weist einen derartigen Einfluss stets redlich zurück.

Ihm schmeckt eben ein bestimmter Weintyp, was soll man da machen. „Alles!“, schreien die Weingüter der ganzen Welt und die Genussmenschen hängen an seinen Lippen (nein: an seinem Gaumen!) und finden letztlich das gut, was Parker gut findet. Sie eichen also ihren eigenen Geschmack an dem eines männlichen Amerikaners namens Robert Parker und erhalten Milliarden Hektoliter ähnlicher, nämlich bulliger, konzentrierter Weine. Top-Önologen, wie Parkers bester Freund Michel Rolland, reisen um die ganze Welt und sorgen dafür, dass das auch funktioniert. Rolland berät um viel Geld Weingüter darin, Weine marktgerecht (also: Parker-gerecht) auszubauen.

Eine zweite, parallele Entwicklung im Weinbau ist eine dramatische Entwicklung hin zu früh trinkbaren Weinen. Ein Wesen großer Weine war immer die Lagerfähigkeit, welche einen hohen Trinkgenuss in fortgeschrittenem Alter verspricht. Das setzt also ein Innehalten voraus, eine Zeitverschiebung, welche letztlich auch die Erotik des Weines ausgemacht hat. In der Jugend oft eckig und kantig, haben große Weine über die Jahre hinweg an Eleganz gewonnen, gleich einem Menschen die ungestüme Jugend überwunden und zu Weisheit und Schönheit gefunden. Wer einen solchen Wein genießen (!) durfte, konnte an ihm genesen. Er hat die lange Stille, die zu seiner Reife geführt hat, in sich aufgenommen, und vielleicht ein wenig von der Welt der Stille verstanden.

All das wird nach wie vor als Wert hoch gehalten, doch der Genießer will heute beides: Lagerfähigkeit und sofortige Trinkreife, weil sein Genuss keine Geduld kennt. Weine, die lange zaudern und sich nicht preisgeben, sind vom schnellen Umschlag am Jahrmarkt des Weingenusses ausgeschlossen. Der Weinliebhaber will also widerstrebende Werte gleichermaßen. Lagerfähigkeit wird ihm dabei gerne versprochen, weil sie bei seiner Konsumgier theoretisch bleiben muss. Selbst bei großen Bordeaux, deren Wesen die über Jahrzehnte anhaltende Genussfähigkeit war, wurde unter dem Marktdruck begonnen, sie auf rasche Trinkbarkeit zu trimmen, wobei klar ist, dass frühe Trinkreife der Entwicklung des Weines nach hinten Lebensdauer nimmt.

Die Rechnung dürfte ökonomisch nicht aufgehen. Kein Weinfreund, der gerne Flaschen einlagert, um sie in der Abfolge der Jahre genüsslich zu verkosten und zu vergleichen, hat Interesse, das zu tun, wenn der Kauf einer 12er Kiste ihm systematisch Druck macht, weil sie eigentlich weggetrunken gehört.

Anstatt des Drucks wählt er die Freude und kauft eben statt zwölf Flaschen nur zwei, die er dann sofort trinkt. Weil ja das Aufbewahren ohnehin nicht lohnt. Dann hat man als Winzer aber nur eine Umschichtung der Klientel bei Wegfall von Haltbarkeit seines Produktes erreicht.

So vernichtet der Konsument diejenigen Werte am Wein, die er als Genießer entdeckt hat. Die große Renaissance des Weines kommt dann, wenn sich der Zeitgeist von ihm abwendet.

Qualität und Quantität lassen sich nicht zugleich steigern. Der Markt wird am Kipppunkt immer der Quantität den Vorzug geben, weil er gewinnmaximierend denken muss. Darum werden Schrimps in niedrigen, mit Antibiotika versetzten Salzwasserlachen auf gerodeten Flächen im brasilianischen Urwald in Massen gezüchtet. Darum wird Schimmelkäse durch Antibiotika von einer weiteren Reifung abgehalten, weil er sonst in keinem gleich bleibenden Zustand in Masse im Supermarkt verfügbar wäre.

Stille und Sinn – im religiösen Supermarkt

Wir verfügen heute sogar über einen religiösen Supermarkt, in dem Heilsversprechungen und Weltanschauungen in praktischen Probepackungen bereit stehen. Ein wenig Buddhismus, Schamanismus oder Meditation light, abgepackt in vier Übungseinheiten, und wenn Satori (Erleuchtung) ausbleibt, nehmen wir das nächste. „Die Menschen in den reichen Ländern sind viel zu ungeduldig geworden“, wundert sich der Dalai Lama. „Im Zeitalter der Maschinen und Automaten scheint alles auf Knopfdruck zu funktionieren – auch die religiöse Erleuchtung.“ So als ginge man in ein Restaurant und bestelle alle verlockenden Gerichte auf der Speisekarte auf einmal. Man kostet von allem, doch sättigt sich an nichts.

„Leer werden, leer von Durst, leer von Wunsch, leer von Traum […]. Von sich selbst wegsterben, nicht mehr Ich sein, entleerten Herzens Ruhe zu finden“, beschreibt Hermann Hesse das Streben von Siddhartha. Das sind nicht die Wonnen eines Europäers. Das Abtöten des Selbst, die Unterdrückung aller Regungen und bewegungslose Meditation sind asiatische Wege. Weil wir laut Anaïs Nin nur noch „Entwurzelte und Durchreisende“ sind, üben wir das uns fremde Zarzen oder Qi Gong aus modischen Gründen, vor allem aber, weil es menschlich ist, Heil aus der Ferne zu erwarten. Die Liebe kommt von Gott und die Stille zumindest aus Asien. Mit geringeren Distanzen geben wir uns nicht zufrieden, wenn es um Großes geht. C. G. Jung hat schon erklärt, dass ein Götterbild, das allzu vertraut geworden ist und so sein Geheimnis verloren hat, durch Bilder aus anderen Kulturen ersetzt wird, weil nur exotische Symbole eine sakrale Aura wahren.

Also meditieren wir einige Monate lang intensiv, um dann völlig aufzuhören, und irgendwann wieder zu beginnen. Wer auf diese Weise Stille und Erleuchtung sucht, dem geht es wie jemandem, der plötzlich eine radikale Diät hält. Diese Form von „Diät“ prolongiert nur die Dickleibigkeit, weil sie keine nachhaltige Änderung der Lebenssituation mit sich bringt. Kaum ist sie zu Ende, pendelt das Gewicht wieder in die andere Richtung und man wiegt sogar mehr als zuvor. So verhindert auch die Konsumation religiöser Produkte zielsicher jene Erleuchtung, die sie anstrebt.

Hinter dem Boom fernöstlicher Methoden und Techniken – die, wie chinesisches Essen, für den westlichen Geschmack aufbereitet und systematisiert werden – steht eine wehmütige, spirituelle Sehnsucht des Westens, die unerfüllt bleibt, solange er nicht bei sich selbst fündig wird.

Uns ist der blinde Glaube abhanden gekommen. Das ist gut und schlecht zugleich. Es ist gut, weil Wissen den Leerraum erobern kann, den der Glaube zurücklässt. Der Verlust von Hörigkeit bringt Autonomie und Selbstbestimmung. Wer weniger glaubt und mehr weiß, ist nicht so leicht lenkbar. Politische Verführer haben es heute nicht mehr so leicht wie früher.

Doch andererseits erkennt Gilbert Keith Chesterton, dass die Menschen, seit sie den Glauben an Gott verloren haben, nicht etwa an gar nichts mehr glauben, sondern an alles. Der Leerraum wird nicht mit Wissen, sondern mit Fragwürdigkeiten angefüllt. „Reinen Unsinn zu glauben, ist ein Privileg des Menschen", wie Konrad Lorenz einmal meinte.

Wenn in Getreidefeldern seltsame kreisförmige Symbole auftauchen (wie in den 80er Jahren des vorigen Jahrhunderts in England), dann könnte das entweder ein Streich von Menschenhand oder Nachrichten von Außerirdischen sein. Auch thermische Erklärungen wie Kugelblitze, meterologische und elektrische Theorien wurden aufgestellt, um die Phänomene zu erklären. Als die Getreidefiguren ungeahnt komplex wurden, war klar, dass es nur Außerirdische sein konnten. Entsprechend schaurige Berichte waren in allen Zeitungen der Welt zu finden. 1991 bekannten Doug Bower und Dave Chorley aus Southhampton, über 15 Jahre lang immer komplexere Getreidefiguren entworfen und in der Nacht ausgeführt zu haben, eine Idee, die nach einigen Bieren in der Kneipe entstanden war.

Die Effizienz des Denkens sollte stets fragen: Was ist wahrscheinlicher? Mit dieser einfachen Frage kann man oft sehr gut und rasch Unfug aussortieren. Dass die Getreidekreise menschlichen Ursprungs sind, war immer die wahrscheinlichste, weil einfachste Erklärung. Warum tendieren wir dazu, eher den „reinen Unsinn" zu glauben?

Ein Grund liegt darin, dass wir staunen wollen. Wir können wissenschaftliche Erkenntnisse von reinen Glaubenssätzen nicht auseinander halten, weil beides in uns ähnlich naive Verwunderung auslöst. Der Mensch will staunen und kann angesichts der vielen Wunder, welche das Leben offenbart, das Wahrscheinliche vom Unmöglichen nicht trennen. Carl Sagan erinnert an den einzigen und wesentlichen Unterschied von Wissenschaft und Pseudowissenschaft. Er liegt nicht in den Ergebnissen, sondern im Erkenntnisprozess. Die Wissenschaft baut auf Irrtümern auf, indem sie sie nach und nach abbaut und beseitigt. Pseudowissenschaften scheuen hingegen die Beseitigung von Irrtümern und formulieren ihre Dogmen so, dass sie nicht widerlegt werden können. Natürlich ist die Wissenschaft nicht vollkommen, sie ist bloß das Beste, das wir derzeit haben. Es ist irgendwie wahrscheinlicher, dass die Beseitigung von Irrtümern uns zu Erkenntnis und einer lebensnahen Betrachtung der Umwelt führt.

Eine zweite Ursache für unsere Bereitschaft, Schwachsinn zu glauben, liegt heute im Fehlen reflexiver Pausen. Es gibt kein Innehalten und Innewerden mehr. Nur in Ruhe und Stille können wir über die Vergangenheit nachdenken und Fehlerkorrekturen durchführen. Man kann ein Fahrzeug nicht in voller Fahrt warten. Versuch und Irrtum sind wichtige biologische Prinzipien, die auch der Mensch in Technik und Wissenschaft, ja im Lernen generell, anwendet. Wenn sich ein Versuch als gescheitert herausstellt, so wird er adaptiert und in einer verbesserten Anordnung erneut durchgeführt. Adaption und Verbesserung brauchen Reflexion. Doch der ungeduldige Mensch der Moderne entsorgt alles, was sich nicht bewährt, radikal und greift zu irgendetwas anderem. Wir tendieren dazu, alles, was uns nicht behagt, grundsätzlich in Frage zu stellen, und neigen dazu, blind zu etwas anderem zu greifen, solange es nur anders ist. Auch diese Methode folgt dem Prinzip von Versuch und Irrtum, nur bleibt ein möglicher Fortschritt so dem puren Zufall überlassen. Das ist nicht Lernen, sondern Konsum. Wir bleiben letztendlich unsicher zurück und wissen gar nichts mehr.

So sind wir in der westlichen Welt heute wirtschaftlich und moralisch besser als je zuvor, doch auch „dümmer [und] unkritisch dem gegenüber, was zu glauben gerade modern ist", wie Karl Popper anmerkt. Und das, obwohl wir mehr denn je nach Sinn suchen.

Gerade weil wir Sinn suchen, brauchen wir Stille. Stille ist ursächlich die Abwesenheit von Lärm und somit in der Sprache der Systemtheorie eine Veränderung erster Ordnung. Es ändert sich zwar etwas, aber diese Änderung bleibt Bestandteil eines geschlossenen Systems und ist nicht etwas außerhalb des Systems. Doch die Zweideutigkeit der Stille beruht darin, dass sie sich, sobald sie eingetreten ist, als Tor zur Transzendenz erweist. Nur in Stille kommen Gedanken und Erkenntnisse, wir nehmen andere Blickwinkel ein und können über uns hinaus schauen. So wird Stille zu einer Voraussetzung für eine Änderung zweiter Ordnung, also eine Änderung des Systems an sich. Dieses plötzliche Über-sich-Hinausschauen kommt unwillkürlich und unbegreiflich wie ein göttlicher Funke. Unter dem Titel „Der göttliche Funke" hat Arthur Koestler ein Buch über den schöpferischen Akt in Kunst und Wissenschaft geschrieben. Er beschreibt darin zahlreiche Beispiele, wie vertraute Situationen sich plötzlich in einem anderen Licht zeigen und völlig neu erlebt werden können.

So hat Stille eine unfassbare schöpferische Kraft.

Aussteigen

König Pyrrhus: „Zu guter Letzt,
wenn ich mir die ganze Welt unterworfen habe,
will ich mich zur Ruhe setzen
und ein behagliches
zufriedenes Leben führen."
Kineas: „Bei Gott, was hindert Euch,
dies, was ihr wollt, jetzt schon zu tun?"

Weil wir uns ein entspanntes Leben nicht mehr vorstellen können, sehen wir „Stille" nur als ein Ergebnis von spiritueller Entrückung oder – Reichtum! Und der „Aussteiger" ist derjenige, der es geschafft hat. Wir sind fest davon überzeugt, dass man nur aussteigen kann, wenn man sehr reich ist, weil wir „Aussteigen" ausschließlich als totalen, aber eleganten Bruch mit dem Bisherigen verstehen. Aussteigen ist etwas, was man sich leisten können muss. Und zwar richtig. Wer das nicht kann, bleibt drinnen, schuftet und wartet auf den Lottogewinn. Solch ein Aussteigen ist für die Mehrzahl der Menschen Utopie und nicht anderes als eine Utopie eignet sich für eine Massensehnsucht. Das Unerfüllbare wird begehrt wie nichts sonst.

Es gibt keine Statistik über gescheiterte Lottogewinner, aber ich bin überzeugt, dass die Verwirklichung einer Utopie ein Albtraum ist. Wer im „normalen" Leben keine Autonomie und keinen Selbstwert gefunden hat und darin nie einen Bruch zugelassen und überdauert hat, der wird an der wahr gewordenen Utopie der Lottomillionen zerbrechen.

Aussteigen ist eine Sehnsucht, wie sie für unsere Entweder-Oder-Gesellschaft typisch ist. Vom totalen Stress zur totalen Freizeit. Die westliche Welt folgt begeistert einem binären Denkmuster, in dem es nur 0 und 1, schwarz und weiß, Freund und Feind, Alles oder Nichts gibt. Partnerschaft gibt es nur als totale Treue oder totale Trennung und eine gute Figur nur als Ergebnis von Fressen und Fasten. Wir machen gerne große Sprünge von These zu Antithese und wieder zurück, ohne je eine Synthese zu finden. Und so kann auch Erholung nur ultimativ verstanden werden. Total arbeiten, um irgendwann einmal total zu ruhen!

Wir halten unser Leben für eine brüllende Fahrt in einem Schnellzug, bei dem es ein Aussteigen erst gibt, wenn er entgleist. Es geht wie beim Bullenreiten nur darum, durchzuhalten. Dabei rasen wir nur deshalb durch alle Stationen durch, weil niemand den Halteknopf drückt. Wir können jederzeit aussteigen, mehrmals täglich. Niemand hindert uns daran. Wir können dort, wo Stationen vorgesehen sind, an- und innehalten, das Leben einatmen, Ruhe zulassen. Und dann steigen wir wieder ein und fahren weiter. Den Streckenplan über unser Leben machen wir großteils immer noch selbst. Aussteigen ist keine Utopie, sondern gelebter Alltag jedes U-Bahn-Fahrers. Ein Luxus, den sich jeder leisten kann.

Stille – der neue Luxus

Luxusgüter sind stets rar. Erst die Schwierigkeit gibt den Dingen Wert, wie schon Michel de Montaigne wusste, und man kann sagen, dass die knappe Verfügbarkeit das eigentliche Wesen von Luxus ist. Aus dieser knappen (oder künstlich knapp gehaltenen) Verfügbarkeit entsteht ein Marktwert, den, je knapper das Gut ist, desto weniger Leute bezahlen können. Diese Exklusivität ist der über den Besitz der Sache hinaus weisende Bonus. Luxus ist etwas, was man sich erst einmal leisten können muss. Er thront auf der (fast unerreichbaren) Spitze des Konsumberges, vor dem wir täglich stehen. Welche Produkte das genau sind, wechselt und ist irrelevant. Fest steht, dass materieller Luxus stets etwas Überflüssiges ist, aber „der Überfluss ist eine höchst notwendige Sache" (Voltaire). Notwendig, um den strebenden Menschen am Laufen zu halten, ihn anzustacheln. Es gibt Luxus für einige nur durch das Begehren von vielen. Luxus braucht Publikum.

Alles, was in den westlichen Supermärkten und Shopping Malls zuhauf verfügbar ist, mag für Dritte-Welt-Staaten Luxus sein, für uns ist es selbstverständlich. Luxus ist auch eine Frage des Blickwinkels und aus der Sicht desjenigen, der ihn nicht hat, ein Skandal. So hat jede Kultur und jede Zeit ihren eigenen Luxus.

Die Epigonen des Zeitgeistes haben schon immer ein gutes Gespür für Luxus gehabt und neben Porsche, IWC Schaffhausen und Château Angelus auch persönliche Attitüden zur Schau gestellt. Das exklusive Gruppengefühl wird nie ausschließlich ihren Symbolen überlassen, sondern braucht auch Handlungen, Sprechweisen, Symptome. Stress gehört zu den ehrenvollen Medaillen, die man bis vor kurzem noch stolz an der Brust führte – ja führen musste. Wer kein Burn out-Syndrom vorzeigen oder zumindest vortäuschen konnte, war suspekt. Überlastung ist in einer Leistungsgesellschaft nicht nur eine Selbstverständlichkeit, sondern geradezu chic. Pünktlich nach Hause gehen, Familienleben und Bücher lesen waren bislang absolute Untugenden und konnten in keinem Cocktailgeplauder eingestanden werden. Hingegen sind nächtelanges Arbeiten, gehetztes Freizeitverhalten, Sonntage im Büro und Freizeit im Businessumfeld jene Ingredienzien, aus denen der Selbstwert angerührt wird. Der Stress wird als selbsterfüllende Prophezeiung solange beschworen, bis das Artefakt vom echten Gefühl nicht mehr zu unterscheiden ist. Man kriecht sozusagen erhobenen Hauptes am Zahnfleisch und lächelt milde über die Minderleister, die mit ihren Familien Sonntagsausflüge machen. Wer an seiner Karriere arbeitet, kann so wenigstens die Begleiterscheinungen als Bonus ausbeuten.

Doch es hat ein spürbarer Wandel begonnen. Eine Tür ist aufgegangen, ein neues Lüftchen weht herein. Wir sind in einer Übergangsphase, die in einer Umdeutung des Wertegefüges enden kann.

Rekapitulieren wir kurz: Nach den Aufbaujahren der Nachkriegszeit kamen die 80er Jahre, das Jahrzehnt der Gier. Wall Street und Wohlstand ließen alle Dämme des Anstands brechen, die ewige und ewig eskalierende Lust war gelebte Vision. Die 80er Jahre waren von derber Egozentrik und glamourösem Kapitalismus geprägt. Die 90er Jahre verfeinerten die billige Gier und schliffen sie zu einem stilvollen Hedonismus ab. Protzte man in den 80er Jahren mit seinem Auto und seiner Rolex, so zeigte man im folgenden Jahrzehnt, dass man Weinkenner, Stammgast im Windows of the World und Polospieler war. Als damit völlig klar geworden war, dass alles ewig besser geht, kam die New Economy – die Synthese aus Gier, Lifestyle und Wahnsinn. Wir konnten die Mauer erst wahrnehmen, als wir uns den Kopf daran blutig gestoßen haben. Jetzt lecken wir unsere Wunden und suchen nach neuen Göttern.

Die neuerliche Zeitenwende zeigt sich im urbanen Alltag und seinen Mittagstischgesprächen. Diejenigen, die „leider soviel Stress“ haben, prallen plötzlich an Gleichgestellte, die ihr Bedauern aussprechen oder schlimmer noch: Ratschläge geben. „Besuch doch ein Zeitmanagementseminar oder mach einmal einen längeren Urlaub." Mitleid ist nicht cool und Belehrungen demütigend. Stress als Attitüde funktioniert nur, wenn man dafür gestreichelt wird. Die gewohnte Fraternisierung über das Stressniveau bricht auf, Menschen antworten plötzlich, dass sie es satt haben und etwas dagegen tun. Plötzlich steht der Stress, der eben noch geil war, in einem anderen Licht da. Im grellen Licht des OP, wo einem das stressbedingte Karzinom herausoperiert wird. Manager verabschieden sich heute von Meetings mit dem Eingeständnis, dass sie nun ihre Tochter von der Schule abholen müssen, mit ihrem Partner in einen Tanzkurs gehen und nicht zu spät kommen wollen oder sich schon sehr darauf freuen, jetzt mit einem Koffer voll Bücher in die Berge zu fahren. Was eben noch unerhört war, hört man heute oft.

Man würde den Optimismus überstrapazieren, wenn man das schon für Zeichen einer echten Katharsis oder gar einer Erleuchtung hielte. Einerseits entsteht es aus schierer Notwendigkeit, da einige Menschen ihr Limit erreicht oder überschritten haben. Selbst wenn sie wollten, sie können den Weg nicht weitergehen. Nicht in geringerem Tempo und nicht auf weniger Touren, sondern überhaupt nicht, denn der nächste Schritt führt bereits in den Abgrund. Sie müssen einen ganz anderen Weg einschlagen.

Andererseits ist das „Ich mache es jetzt anders"-Bekenntnis selbst eine Attitüde, mit der der Zeitgeist einfach ein neues Feld besetzt. Stets auf der Suche nach Differenzierungsmerkmalen, hat er nun eine neue Innerlichkeit entdeckt und spielt Familie, Relaxen und Klosterurlaube als Trumpf aus. Seht her, ich kann es mir leisten, jetzt am frühen Nachmittag meine Tochter abzuholen. Wer das kann, ist tatsächlich entweder sehr weit oben in der Hierarchie. Oder arbeitslos. Das Prinzip des Auftrumpfens ist dasselbe, aber die Waffen ändern sich.

Wir bleiben also vorerst im selben System, haben aber zufällig die richtigen Werte gewählt. Stille wird in all ihren Ausprägungen (Zeit, Langsamkeit etc.) zu einem Luxusgut der postmodernen Gesellschaft. Sie ist rar und dadurch plötzlich begehrenswert.

Es gehört zum dialektischen Wesen des Menschen, dass er den wahren Wert einer Sache erst erkennt, wenn er sie verliert.

Wenn wir Stille einmal erlebt haben, könnten wir sie forcieren, ihr Raum schaffen, Lärmrückbau betreiben und sie demokratisieren. Es war schon immer Bestreben der Markenartikelbranche, Luxus zu demokratisieren, also die teuren Güter nachzuahmen und einer breiten Masse verfügbar zu machen. Die Markenartikel sind somit der Tod des Luxus, der sich stets neu erfinden muss. Wenn die Stille in diesen marktwirtschaftlichen Prozess hineingerät, könnte das zu einer Änderung des Prozesses führen. Wir bewegen uns in das Auge des Sturms hinein. Entweder wir verbrennen die „Stille" als Luxusgut, werden ihrer überdrüssig und wenden uns wieder anderen Werten zu, oder wir erkennen ihren grundsätzlichen Wert und ändern etwas. Das ist ausschließlich von der Anzahl der Menschen, die mit ihr in Berührung kommen, abhängig. Ist die Masse groß genug, erhält sie Gewicht, welches sich in Meinungsforschung, Wahlen, allgemeinem Verhalten niederschlägt. So entstehen Trends. Entweder das Universum expandiert oder kollabiert. Es ist eine Frage der kritischen Masse.

Stille bewirkt immer etwas. Wer mit ihr in Berührung kommt, kann von ihr befruchtet werden. Sie ist erholsam für Geist und Körper, nur in der Stille können neue Gedanken gelingen. Nur in Stille kommt der Mensch zu sich. Stille ist das Tor zur Transzendenz. Der Mensch „hält Einkehr bei sich selbst" (Augustinus) und kann über sich hinaus sehen. Wenn eine ausreichende Anzahl von Menschen Stille erfahren hat, könnte plötzlich ein heilsames Innehalten stattfinden und eine neue Werteordnung tatsächlich stattfinden. Das ist die Chance.

Wir sind am Anfang dieser Entwicklung. Wir sind gerade dabei, die Stille als Luxus zu entdecken und ihre Verfügung in das Repertoire des Auftrumpfens aufzunehmen: „Ich habe mir eine Auszeit geleistet."

Dabei erkennen wir, dass Stille uns nicht beliebig zur Verfügung steht. Wir haben die Umwelt so verändert, dass die Stille, die wir zu beschwören beginnen, gar nicht mehr vorhanden ist. Wir lenken unsere Sehnsüchte auf sie und sehen, dass sie nicht einfach aus der Schublade geholt werden kann. Mit Schrecken sehen wir, dass die Zeit, die wir gerne hätten, kein handelbares Produkt ist. Wir können nicht dagegen an, dass wir an Schulferien, Öffnungszeiten, Liefertermine, Arbeitszeiten, etc. gebunden sind. So üben wir die Auszeit, doch sie gelingt uns vorerst nur als Boxenstopp. Der ist ja bei einem Formel-1-Rennen auch keine gemütliche Angelegenheit; die Regeneration der Maschine wird in Rekordzeit erledigt und nach ein paar Sekunden wird das Gaspedal wieder durchgetreten. So wie wir die Lebensräume eng und enger (und damit teurer) gemacht haben, indem wir die Landschaft parzelliert, kultiviert, zugebaut und in Privatbesitz gegeben haben, so haben wir auch die Stille verbaut. Wir haben die Stille also fast ausgerottet. Jetzt können wir sie retten, indem wir sie als seltene und bedrohte Art zum Luxus erheben.

Jede Gesellschaft produziert Krankheiten, die zu ihr passen

von Dr. med. Georg Wögerbauer

Ich sitze an meinem Lieblingsplatz in Griechenland: Ein Olivenbaum spendet mir Schatten, der Wind bringt die Blätter leise zum Rascheln. Dem Hibiskus hinter mir habe ich eben Wasser gegeben und ich höre das Rauschen des Meeres. Es ist Flut, leichter Ostwind lässt das Wasser an die Felsen plätschern. Tausende Zikaden geben ein Konzert. Draußen tuckert ein Fischkutter vorbei und in weiter Ferne ist das dumpfe Donnern eines Flugzeugs zu hören.

Da, wo ich jetzt bin, ist es keineswegs still, aber paradiesisch schön und sehr lebendig, und gerne lasse ich mich darauf ein, meine Gedanken zur Stille niederzuschreiben.

Der Personalchef eines großen Konzerns läutet mehrmals während der Ordinationszeit bei meiner Assistentin. Beim 3. Anlauf, er spricht jetzt von einem Notfall, werde ich mit ihm verbunden. „Einer unser wichtigen Führungskräfte braucht dringend einen Termin bei Ihnen. Er kann seit Wochen nicht mehr schlafen, reagiert im Führungsteam übernervös und gereizt. Er ist extrem geräuschempfindlich, er will nichts als Ruhe, keinen Menschen sehen oder hören, weder beruflich noch privat." Einen Tag später erscheint Herr X. gestresst und nervös in meiner Ordination.

„Was wollen Sie? Was brauchen Sie jetzt? Was ist jetzt Ihr Herzwunsch?", frage ich Herrn X. „Ich will Ruhe, ich will Stille, ich will schlafen können und von niemandem angesprochen werden", sagt der Patient und bricht nervlich erschöpft in Tränen aus. Ich verordne ihm 3 Wochen Krankenstand und empfehle ihm, für eine Woche in Klausur ins Kloster Pernegg zu gehen, einem Ort der Stille. Er bekommt medikamentöse Hilfe und die Verordnung, täglich 3 bis 4 Stunden im Wald spazieren zu gehen sowie möglichst 9 bis 10 Stunden zu schlafen und sich tägliche Entspannungsmassagen zu gönnen. Während Herr X. zu Beginn noch sehr mit der Stille kämpft und deshalb Beruhigungsmittel benötigt, genießt er – unterstützt durch therapeutische Gespräche – zunehmend eine Stille, die ihn langsam wieder lebendig werden lässt. Er erfährt eine Stille, die ein Gegenpol ist zu dem Getrieben- und Gesteuertsein in seinem für ihn krankmachenden Lebensalltag.

Erst durch die Reduktion seines Lebenstempos – in Pernegg benötigt er weder Auto noch Handy oder Laptop – lernt er wieder, sich selbst wahrzunehmen, in sich hineinzuhorchen. Am 4. Tag empfehle ich ihm, dem Gärtner beim Anlegen eines neuen Gemüsebeetes zu helfen. Begeistert erzählt er mir am Tag danach, wie er es genossen hat, in aller Stille und ohne Störung von außen eine einfache und sinnvolle Tätigkeit in vollster Zufriedenheit auszuführen. Obwohl der Gärtner – ein wortkarger Waldviertler – kaum mit ihm gesprochen habe, sind sich die beiden doch auf eine angenehme und unkomplizierte Art näher gekommen, eben durch gemeinsames Arbeiten mit ihren Händen – in Stille.

„Ich will Ruhe haben“, höre ich von vielen Menschen in meiner Ordination und wirklich gemeint ist: Ich bin viel zu erschöpft, um Beziehungen leben zu können. Ich will allein gelassen werden. Wirkliche Ruhe habe ich, wenn ich tot bin – sozusagen die „ewige Ruhe“!

Mit „Ich will Ruhe“ formulieren diese Menschen ihre Sehnsucht, endlich wieder aus ihrem Hamsterrad herauszufinden. Viele von uns leben fremdbestimmt und fremdgetaktet und da ist es verständlich, dass eine große Sehnsucht nach Ruhe und Stille besteht und formuliert wird.

Herr X. steht exemplarisch für viele Menschen, die Stille und Ruhe suchen. Sie wollen ihrem Leben wieder einen Platz für Wesentliches geben.

Burn out bei Jugendlichen und Erwachsenen ist in unserer Gesellschaft fast eine „Mode-Diagnose“, wie auch das Hyperaktivitätssyndrom bei Kindern. Jede Gesellschaft produziert

Krankheiten, die zu ihr passen. In unserer überlauten, anthropozentrischen und konsumorientierten westlichen Welt, in der Medien und Industrie die Langeweile der Massen diktieren, ist Stille – lebendige Stille – zu einem Fremdwort, ja Reizwort geworden. Viele haben Angst vor lebendiger Stille.

Überall wo Leben ist, ist Bewegung, und wo Bewegung ist, kann es auch nicht still sein. Da zischt und klopft und atmet und singt und spricht und weint und lacht es – da lebt es, da wird gelebt.

Als Arzt habe ich gelernt, ganz genau hinzuhorchen bei den Menschen, die sich mir anvertrauen, nicht nur auf die Stimme, auch auf die Atmung oder auf das Herz, die Herzaktion, wie das Herz klopft – ob rhythmisch, schnell, langsam, laut oder leise –, wie die Herztöne klingen, ob ein krankhaftes Herzgeräusch da ist, das eine undichte Klappe anzeigt? Wie die Lunge atmet, ob das Atemgeräusch grobblasig oder feinblasig oder gesund ist. Ich habe gelernt, die Stimmen zu interpretieren, ob traurig, heiser, belegt, ob eine „Angina-Stimme" oder eine „Kehlkopf-Stimme" vorliegt. Der lebendige menschliche Organismus gibt eine Vielzahl von Geräuschen ab, tausende Rhythmen, viele Zeichen von Leben, alles andere als Stille.

Wenn ich als Arzt einen Menschen untersuche und wirklich nichts mehr höre, wenn tatsächlich Stille da ist, dann stelle ich den Tod dieses Menschen fest, dann herrscht auch tatsächlich Totenstille. Wirkliche Stille ist Leblosigkeit, Starre, keine Atmung, keine Bewegtheit, keine Bewegung, keine Entwicklung.

Ich glaube nicht, dass sich Menschen nach dieser Art von Stille sehnen.

Vor 1½ Jahren habe ich meine Praxis ins 850 Jahre alte Kloster Pernegg verlegt – einem Ort der Stille. Sogar hier ist es nicht komplett still. Ich genieße die Ruhe, aber es ist nicht still. Da sitze ich dann in meinen Praxisräumen, höre die Falken, das Käuzchen, manchmal den Rasenmäher des Gärtners oder den Regen gegen die Fenster prasseln. Das soll ein Ort der Stille sein?

Die Stille, nach der sich viele Menschen heute sehnen, ist eine Stille, in der Wesentliches wieder hörbar wird. Eine Stille, in der ich mir selbst wieder näher kommen, begegnen kann, mich mit allen Sinnen wieder wahrnehmen kann. Menschen sehnen sich nach einer Stille, die sie wieder wahrnehmen lässt, dass sie ein Herz haben und spüren lässt, wofür und für wen es klopft. Und genau in diesem Sinne ist Pernegg tatsächlich ein Ort der Stille.

Menschen sehnen sich heute nach einer Stille, in der sie wieder bewusst atmen lernen, in der sie ihre Atmung wahrnehmen können und aus der bewussten Atmung heraus auch zu einer bewussten Lebensgestaltung gelangen.

Menschen sehnen sich heute danach, eine Stille zu erfahren, eine lebendige Stille, in der Begegnungen wieder möglich werden, eine Stille, die wertschätzendes Zuhören im Sinne von „Ich will dich verstehen" gelingen lässt.

Menschen sehnen sich heute nach einer Stille, die religiöses Leben und Erleben wieder zulässt, in Gemeinschaft oder alleine, eng verbunden mit der Natur, wissend um ein spirituelles Netz, das uns trägt und Halt und Kraft gibt.

Menschen sehnen sich heute nach einer Stille, die ihnen wohltuenden Abstand von einem lärmenden und krankmachenden Konsumismus ermöglicht.

„Ein Mensch, der nicht täglich eine Stunde für sich alleine zubringt, ist kein Mensch!", sagt der jüdische Religionsphilosoph Martin Buber und gibt damit schon einen wichtigen Hinweis, wie wir zu dieser lebendigen Stille gelangen können.

Die Stille, nach der wir Menschen aus dem überindustrialisierten Norden und Westen dieser Erde uns sehnen, brauchen wir weder an speziellen Plätzen noch in speziellen Seminaren zu suchen, sondern das ganze Potenzial, zu dieser lebendigen Stille zu gelangen, liegt in jeder und jedem von uns. Es geht darum, sich Zeit zu nehmen um in sich hineinzuhorchen, zu lernen, dorthin zu gehen, wohin das Herz uns trägt, sich täglich Zeit für diese produktive Stille zu nehmen. Eine Ortsveränderung, eine neue ruhige Atmosphäre können ein wesentlicher Impuls sein, um zu dieser Stille zu gelangen.

Wenn ich zu Hause im Waldviertel in meinem Hof sitze, dann höre ich das Zwitschern der Vögel, das Blöken meiner Schafe, den Schrei unseres Pfaus, den blechernen Klang unserer Dorfkapellenglocke. All das höre ich selbst aber nur dann, wenn ich mir Zeit nehme oder selbst zur Ruhe komme. In der Hektik des Alltags, wenn ich unter Druck bin, filtere ich viele dieser „banalen Geräusche" weg, bin auf das Piepsen meines Handys fokussiert oder auf andere so genannte funktionale Geräusche. Dann kann ich lebendige Stille nicht mehr wahrnehmen.

Ganz spannende Momente von Stille erlebe ich als Arzt in so genannten Übergangssituationen, wie z. B. Geburt oder Sterben. Bei Geburten in den Wehenpausen wird es immer wieder ganz still, das ruhige Atmen der Gebärenden ist zu hören, sonst angespannte Stille, die bald wieder abgelöst wird von kräftig lautem Pressen oder Schreien, dann wieder Stille.

In der Begleitung von Sterbenden wechseln ebenfalls Situationen von Unruhe und z. B. schwerer Atmung mit Phasen von Stille ab. Wenn ein Mensch gestorben ist, ist sie da – die Totenstille – die dann bald wieder durch Weinen oder Schluchzen der Hinterbliebenen oder auch durch konkretes sorgendes Tun um den Verstorbenen abgelöst wird – das Leben geht weiter! Jetzt wird wieder geatmet.

Selbst der Friedhof von Pernegg ist kein Ort der permanenten Stille. Hier wird geweint, gesungen, gebetet. Am Sonntag nach der Messe stehen die Menschen vor der Kirche, die vom Friedhof umgeben ist und lachen, tauschen sich aus, reden miteinander. Das ist alles andere als Stille, das ist Leben! Leben in guter Verbindung mit unseren Verstorbenen. Der Friedhof von Pernegg ist also ein besonderer Ort, ein kräftiger und lebendiger Ort. Hier ist eine Stille, die wieder ermöglicht, dass Menschen sich und einander verstehen können.

Eine andere Möglichkeit, um die lebendige Stille wieder spüren und zulassen zu lernen, ist die bewusste Atmung. „Atmen und bewusst atmen ist vergleichbar mit dem Warten auf den Tod oder bewusst leben“, sagt mein Lehrer und Freund Waldefried Pechtl und betont die Bedeutung des langen Ausatmens. Zwischen Aus- und Einatmen ist ein Moment von Stille, ein kurzes Innehalten, gefolgt von einem neuerlichen kräftigen Atemschöpfen. Millionen Mal vollziehen wir in unserem Leben diese Übung. Immer wieder erleben wir Phasen von Stille, 15 bis 20 Mal pro Minute. Es ist dies eine gute Übung zur Lebendigkeit, sich diese Stille immer wieder bewusst zu machen.

Stille, nach der wir uns immer wieder sehnen, ist

: eine lebendige Stille – von bewegten Menschen
: eine Stille, aus der heraus wir Kraft und Phantasie schöpfen
: eine Stille, in der Träume möglich und Sehnsüchte formuliert werden
: eine Stille, aus der heraus Menschen bewusst ihr Leben gestalten

… die Zikaden singen noch immer, der Wind bläst stärker hörbar, das Meer ist lauter geworden, die Sonne ist schon ein Stück weiter gezogen.

Ich bin dankbar und erfüllt von einer Stille, die Gedanken zur Stille möglich macht.

Wie wir die Stille gewinnen

Wir können nicht anders

Halten wir fest: Diese Welt ist schnell und laut. Die generelle Situation wird sich nicht verbessern. Sie unterliegt im Gegenteil zunehmender Beschleunigung. Telekommunikation und Computertechnologie haben eine tief greifende Umwälzung des Alltags herbeigeführt. Die ständige Erreichbarkeit via Mobiltelefon ist zu einer selbstverständlichen Verbindlichkeit geworden. Der Schriftverkehr via Mail quer über den Globus ermöglicht und fordert damit zugleich unmittelbare Reaktionszeiten. Der Verlust des Arbeitsplatzes an jemanden auf einem anderen Kontinent gehört zum tristen Szenario eines mitteleuropäischen Berufstätigen. Dies sind die Eckpfeiler modernen Lebens, an denen nicht zu rütteln ist. Hoher Druck, keine Spur von Stille. Es lohnt für das Individuum weder, dies zu verleugnen, noch diesen Umstand in globaler, umfassender Form ändern zu wollen.

Alles nicht so schlimm

Für manche ist alles nicht so schlimm. Solange das mit ernsthaftem Behagen gemeint ist, ist tatsächlich alles bestens. Doch ein Großteil der Alles-nicht-so-schlimm-Fraktion rekrutiert sich aus Menschen, die tapfer allen Atembeschwerden und Herzrhythmusstörungen zum Trotz daran festhalten, dass alles zum Besten ist und dass es so sein muss. Der unerbittliche Kopf überstimmt den zitternden Körper und erklärt zum Normalzustand, was jenseits der Grenzen liegt. Weil der Körper fähig ist, sich an höhere Belastungsniveaus zu gewöhnen, tendieren wir dazu, die Gewöhnung ad infinitum anzuheben und jede neue Stufe als neue Normalität zu verstehen. Der menschliche Körper ist sehr flexibel. Er kann in 3000 m Seehöhe ruhig atmen, er kann mit hohem Blutdruck oder permanenten 2 Promille Alkohol im Blut leben und er kann mit sehr hohem und anhaltendem

Stressniveau arbeiten. Nach anfänglichen Schwierigkeiten gewöhnt sich der Organismus an den Sonderzustand, speichert ihn als normal und täuscht einen beschwerdefreien Zustand vor. Es ist insofern eine Täuschung, als irgendwann kein Potenzial für natürliche Schwankungen mehr zulässig ist. Wer am obersten Limit lebt, kann sich keine Schwankung nach oben erlauben. Passiert sie doch, so kippt das System und stürzt vom vermeintlich Normalen ins Bodenlose. Menschen, die sich an hohe Lärmbelastungen gewöhnen und nur noch bei anhaltendem Hintergrundlärm einschlafen können, definieren schließlich kraft Gewöhnung permanenten Lärm als stillen Zustand. Eine kleine Erhöhung der Dezibel über diesen Normalzustand hinaus genügt – und das Trommelfell platzt.

Globaler Krieg gegen den Lärm?

Während die einen nach und nach den Lärm für die neue Stille halten, wollen die anderen den offensichtlichen Verlust an Stille global bekämpfen. Es ist ein oft zu beobachtendes Phänomen des Perfektionismus, sich unrealistische Ziele zu setzen. Die Gedankenkette ist klar: Ich vermisse Stille, du vermisst Stille, alle vermissen Stille. Daher müssen wir alle etwas ändern. Darunter geht es nicht. Ein individuelles Problem wird als ein allgemeines erkannt und folglich muss es auch im Allgemeinen bekämpft werden. Am besten man gründet eine Bewegung, eine Partei, macht Revolution im großen Stil. Man hat ein Anliegen und will gehört werden. Doch großes Engagement lohnt nur dann, wenn es im Kleinen begonnen werden kann. Allgemeine Entwicklungen können wir jedoch nicht aufhalten. Der Sturm auf die Maschinen im 18. Jahrhundert war ebenso naiv wie heute die Demonstrationen gegen die Globalisierung. Was wird da gestürmt, gegen was demonstriert? Es ist als affichierte man Plakate gegen Nasenbluten. Niemand will das, aber es ist ein Lösungsversuch auf der falschen Abstraktionsstufe. Ein endloses Spiel, das völlig aussichtslos ist, nicht mehr als eine berührend hilflose Geste. In einer Internetplattform von Globalisierungsgegnern wurde zum „weltweiten Kampf gegen die Globalisierung“ aufgerufen, ein wahrhaft paradoxer Aufruf (denn ein Aufruf zum weltweiten Widerstand ist selbst ein Akt der Globalisierung), dessen erster Erfolg darin begründet liegen könnte, dass niemand ihm Folge leistet. Wir können die Beschleunigung der industrialisierten Welt verdammen und zu Recht über sie fluchen. Aber bevor wir sie global gelöst haben, sind wir individuell daran zerbrochen. Wer die Stille sucht, sollte sich daher nicht gleich die umfassende Entschleunigung der Gesellschaft zum Ziel setzen oder sich einreden, sein persönlicher Erfolg wäre ausschließlich von der allgemeinen Lage abhängig.

Wir können anders

„Do what's good for you
or you're not good for anybody.“
Billy Joel

Der urbane Mensch ist nicht nur Opfer einer Sozialgewalt, er entäußert sich seiner Sinne vielmehr im Zuge einer freiwilligen Selbstaufgabe. Wer akzeptiert hat, dass er immer anders kann, kann immer etwas ändern. Jetzt kann man die Stille dort finden, wo sie auch empfunden werden muss. In uns. Sie ist in uns und damit an einem sicheren Ort. Die Stille beginnt mit der Einsicht in die Selbstmächtigkeit des Menschen. Übrigens ist es ein Novum des Industriezeitalters, dass man mit Stille Luxus aus sich heraus gebären kann. Hier treffen sich Narzissten und Weise, die das immer schon gewusst haben.

Stille entsteht durch Wille und Übung

„Get out
of whatever cage
you're in."
John Cage

Ich habe zur Rückeroberung der Stille grundsätzliche Empfehlungen und einige Übungen zusammengestellt, womit sowohl die Theoretiker als auch die Praktiker unter den Lesern zu ihrem Recht kommen.

Im theoretischen Teil empfehle ich – als westliches Pendant zu „Wa, Kei und Sei" – dreierlei: Präsenz, Mäßigung und Gelassenheit. Am besten immer und überall. Könnten das alle Menschen, würden wir in einer Welt voll Toleranz, Vertrauen, Humor und Ruhe leben. So ist das mit der Theorie: sie sagt sich leicht. Ich sage es leicht und darüber hinaus kurz.

Warum gerade diese drei: Präsenz, Mäßigung und Gelassenheit? Warum nicht auch Humor oder mehr über den „anderen Blickwinkel", also die Fähigkeit eine Metaebene zu betreten? Ja, die auch. Es gibt viele Wege zur Stille ein. Nur zu!

Als kleine Anregung folgen 45 harmlose Übungen – zum Amüsement und zur Enttäuschung der Leserschaft. Ja, auch zur Enttäuschung. Wer würde nun nicht Rezepte erwarten, Handlungsanleitungen und Dosierungsvorschriften? Unsere Welt und unsere Erwartungen sind so aufgebaut, dass uns immer jemand etwas verabreicht, was sicher und schnell wirkt, wenn man es nur ganz genau befolgt. Wer diese Erwartungshaltung rigoros bedient, bekommt von Zeitgeistmagazinen das Etikett eines „Guru" umgehängt, was auch schon der einzige Erfolg der Rezepte ist. Das Geheimnis von Rezepten ist, dass sie nicht wirken, weil sie für einen allgemeinen Durchschnitt geschrieben sind. Niemand von uns repräsentiert genau diesen Durchschnitt. Rezepte beschreiben daher stets eine Richtung, aber nie den Weg. Den muss jeder alleine finden. Wer die Enttäuschung über die Unwirksamkeit von Rezepten versteht, ist auch schon auf diesem Weg.

3 Empfehlungen

Präsenz

„der umstand unseres hierseins wird gefeiert"
Hermann Nitsch

„Multitasking" ist eine gefragte Fertigkeit des höheren Managements. Es meint die Fähigkeit, mehrere Dinge gleichzeitig zu tun. Man kann telefonieren, währenddessen einem Videovortrag folgen und Zwischenfragen eines Mitarbeiters beantworten. Alles mit halbwegs gleich bleibender Aufmerksamkeit. Napoleon hat angeblich drei Dinge gleichzeitig machen können. Multitasking ist ein Kunststück der Aufmerksamkeit. Der Strom an Inputs wird segmentiert und in Zeitschlitze zerlegt, die nacheinander, aber in raschem Tempo, dem Gehirn zur Verarbeitung zugeführt werden. Wer das ebenso rasch verarbeiten kann und auch noch Fertigkeiten wie Schnell- und Querlesen beherrscht, ist der Held der Manager. Solche Dressurakte werden nicht den Führungskräften überlassen, sondern finden längst Eingang im Alltag. Wer nicht bügelt, telefoniert und zugleich ein Abendessen kocht, managt den Haushalt schlecht. Während man dann isst, läuft der Fernsehapparat und man bespricht zugleich den nächsten Urlaub. „Multitasking" macht die Gegenwart zu einem mit Hektik erfüllten Warteraum, den es auszusitzen und zu überwinden gilt. Alles wird für ein späteres Ergebnis getan.

Wir sollten langsam versuchen, uns in „Singletasking" zu üben, also darin, nur eines zu tun. Eines nach dem anderen, das dafür mit ganzer Aufmerksamkeit und Hinwendung. Das darf nicht als Forderung nach hoch intellektueller oder wertvoller Betätigung missverstanden werden. Es ist nur die Forderung nach Präsenz. Wenn man isst, soll man essen. Wenn man liest, soll man lesen. Wenn man zuhört, soll man zuhören. Wenn man mit seinem Kind spielt, so soll man mit seinem Kind spielen.

Wenn sich nebenbei Ungeduld und Gedanken an den morgigen Arbeitstag oder alles, was noch zu tun wäre, breit machen wollen, so gehören sie beiseite geschoben. „Ein jegliches hat seine Zeit, und alles Vorhaben unter dem Himmel hat seine Stunde", heißt es beim Prediger Salomo in der Bibel. „Geboren werden hat seine Zeit, sterben hat seine Zeit; pflanzen hat seine Zeit, ausreißen, was gepflanzt ist, hat seine Zeit; [...] weinen hat seine Zeit, lachen hat seine Zeit; klagen hat seine Zeit, tanzen hat seine Zeit; [...] zerreißen hat seine Zeit, zunähen hat seine Zeit; schweigen hat seine Zeit, reden hat seine Zeit; hassen hat seine Zeit, lieben hat seine Zeit." Ja, auch und gerade das Lieben. Wie wollen wir denn Sex haben, wenn wir nicht präsent sind? Sex ist pure Gegenwärtigkeit und ganz und gar unmittelbar. Was beim Sex so verständlich ist, sollten wir zur Maxime aller Handlungen machen, auch wenn es uns aus mehreren Gründen so furchtbar schwer fällt:

Die Intellektuellen können mit einer „Philosophie des Gegenwärtigen" (Luciano de Crescenzo) wenig anfangen, weil sie ihnen oberflächlich scheint.

Puritanisch eingestellte Mitmenschen benutzen die Gegenwart, um für ein Übermorgen zu schuften. Wer nach dem puritanischen Motto lebt, dass „alles erlaubt ist, solange es keinen Spaß macht" (Paul Watzlawick), darf im Hier und Jetzt keine Freuden zulassen, sondern muss sie immer auf eine Zukunft verschieben, die natürlich nie eintritt.

Im Zeitalter des Managements schließlich sind Planung und Zielformulierungen so omnipräsent, dass niemand – weder Ratsvorsitzender noch Reinigungskraft, weder Krankenpfleger noch Kindergärtner – ohne Checklisten und Anforderungsprofile, Optimierungspläne und Verbesserungsvorschläge auskommt.

Doch wir berauben uns der Gegenwart, wenn wir ihr mit intellektuellem Hochmut, puritanischem Eifer und Managementplänen begegnen. Es ist so, als würden wir gerade einen Raum mit Farbe ausmalen und dabei darüber nachdenken, warum uns das im vorigen Raum so schlecht geraten ist und wie wir das im nächsten Raum, der noch vor uns liegt, besser anstellen werden. „Wie oft habe ich mich vor dem Patienten gefragt: Bin ich auch wirklich da?“, räsoniert der bekannte Wiener Arzt Karl Hermann Spitzy. Wenn man nicht da ist, kann man nicht helfen, nicht das Zimmer ausmalen, nicht mit seinem Kind spielen, nicht leben. „Der Augenblick ist alles“ (Kierkegaard).

Mäßigung

Das im vorigen Abschnitt vorgeschlagene „Singletasking“ als Handlungsmaxime ist eine Form von Mäßigung. Durch Reduktion von vielen Tätigkeiten auf eine einzige gewinnen der Augenblick und die Tätigkeit ungeahnte Qualität und Intensität. Derselbe Effekt entsteht bei konsumatorischer Mäßigung, die eine durchaus hedonistische Qualität hat, denn: Mäßigung ist die Maximierung von Genuss.

„Es gibt ein Maß in allen Dingen, es gibt feste Grenzen, jenseits und diesseits davon kann das Rechte nicht bestehen“, mahnte Horaz. Diese Grenzen sind individuell und wir müssen sie ausloten und kennen lernen. Jeder muss erfahren, was für ihn selbst gut ist und wo ein weiterer Druck auf das Gaspedal kein Mehr an Empfindung bringt. Dort ist der Punkt der Umkehr.

Mäßigung ist somit keine Aufforderung zur Askese oder zur Entsagung. Es heißt reisen und zurückkommen. Epikur hat schon gezeigt, dass Lust kein endlos steigerbares Phänomen ist. Wenn wir hartnäckig auf mehr davon drängen, beginnen sich Unlust und Frust breit zu machen. Nur wer Maß halten kann, kann größtmögliche Lust empfinden.

Mäßigung ist die Befähigung, inne zu halten und nichts unbedingt zu müssen. Wer muss, ist stets unfrei. Der überzeugte Asket ist nicht viel besser dran als der, der konsumieren muss. „Wenn Rebhuhn, dann Rebhuhn, wenn fasten, dann fasten“ (Theresa von Ávila). Wer beides kennt und beides kann, kennt auch innere Ruhe.

Michel de Montaigne war sehr für Exzesse in der Jugend. Er hielt sie für wichtig, „damit man später nicht von der geringsten Anforderung ruiniert wird". Es lohnt also durchaus, ab und zu etwas Verrücktes zu tun oder sich etwas Unnötiges und Teures – Luxus eben – zu leisten. Es ist eine Impfung gegen die Sehnsucht. Wer Luxus in kleinen Häppchen kennen gelernt hat, weiß, wie wenig er wirklich wert ist. Wer ihn nicht kennt, überhöht seinen Wert. Selbst Buddha hat eine Zeit seines Lebens als geschäftstüchtiger Kaufmann verbracht. All die unterschiedlichen Erfahrungen, die wir im Laufe des Lebens machen, sind ein Erfahrungsreservoir, auf das wir im Bedarfsfall zurückgreifen können. Dieses Reservoir wird stets nachgefüllt und nachjustiert.

Genuss bedeutet zu wissen, wie weit man zu weit gehen kann. Ein Glas zuviel und vom Genuss bleibt nur Kopfweh, Übelkeit und ein verdorbener Tag. Damit ist aber für Epikur auch klar, dass das rechte Maß nur individuell bestimmt werden kann. Der eine verträgt und braucht mehr von einer Sache, der andere weniger. Ein Bergbauer isst ein Viertel Kilo Butter zum Frühstück, weil er täglich schwer arbeitet. Dieselbe Zufuhr an Fett und Energie würde dem durchschnittlichen Städter schaden. Über das rechte Maß hinaus ist Lust nicht steigerbar, doch das Maß muss jeder für sich selbst bestimmen.

Der Mensch ist ein Wesen in stetem Übergang. Er geht von der Erschöpfung zur Erholung, von der Entspannung in die Anspannung, von der Pause in die Arbeit, von der Arbeit in die Pause. Wir ertragen keinen Zustand als dauernden. Wenn wir ein Auto auf einer langen geraden Straße geradeaus lenken, so halten wir das Lenkrad nie starr. Wir machen andauernd Mikrobewegungen, die stets links und rechts und links und rechts austarieren. Das ist das Wesen von Mäßigung. Wer das Steuer stark verreißt, landet im Straßengraben, wer Maß halten kann, kommt weiter.

Gelassenheit

Gelassenheit ist eine Haltung, die der Welt in Frieden begegnet. Es ist eine entspannte Aufmerksamkeit, wie man sie beim Autofahren einnimmt. Es ist viel los da draußen, aber mit innerer Ruhe navigiert man durch.

„Gelassenheit ist nicht Gleichgültigkeit. Der kriegerische Samurai ist gelassen, wenn er aufmerksam im Schatten den Feind beobachtet, um seine Möglichkeiten abzuschätzen und effizient handeln zu können. Gleichgültig ist er dabei sicher nicht. Gelassenheit heißt, nicht gleich blind loszustürmen, sondern in Ruhe sehend zu werden. Blindwütiges Säbelrasseln ist eine grässliche Untugend für den japanischen Schwertkämpfer" (Koisser/Schulak). Es wird in Situationen, wo es einen danach drängt, nicht gleich mit Fäusten oder Urteilen losgeschlagen. Gelassenheit bewährt sich ja nur in der Provokation. Gibt es sie nicht, braucht es auch keine Gelassenheit. Sie ist Eugen Herrigel zufolge eine „seelisch-geistige Kraft, mit deren Hilfe es gelingt, das Dasein so zu meistern, dass es immer irgendwie noch glückt".

Gelassenheit ist ein flexibles Reiz-Verarbeitungsinstrument. Der Mensch erinnert sich, dass er nicht mehr im archaischen Stadium eines Reiz-Reaktions-Schemas gefangen ist. Nichts zwingt ihn, das Erwartete zu tun. Vielmehr erzwingt Gelassenheit ein kurzes Innehalten als Vorbeugung gegen den ersten Impuls. Ein kleiner Zeitraum – und sei es ein Sekundenbruchteil – wird als Puffer eingeschoben. In diesem Stillstand wird plötzlich alles möglich. Ein völlig anderer Blickwinkel auf das ewig Gleiche. Das Ich bewahrt durch Gelassenheit seine Handlungsfähigkeit.

Jeder sollte einmal pro Tag versuchen, das Gegenteil seiner Kollegen zu denken, empfahl Albert Einstein sinngemäß den Wissenschaftlern. In Ausdehnung dieses Aphorismus könnte man sagen, jeder sollte einmal pro Tag das Gegenteil von dem denken, was er sonst denkt. Die Grundlage jeder Erkenntnis ist die Annahme, dass man nicht recht haben könnte. Wer recht hat, bewegt sich nicht. Man kann auch sagen: Dummheit weiß alles. Erst jenseits der Dummheit liegt die Möglichkeit, dass etwas auch anders sein und sich ändern kann. Es ist laut Immanuel Kant die Liberalität des Denkens, dass wir nur dann anderer Meinung sein können, wenn wir den anderen verstanden haben.

Der kanadische Logiker Anatol Rapoport hat übrigens, unter Ausnutzung dieser „Liberalität des Denkens", einen interessanten Vorschlag zur Konfliktbeilegung gemacht. Er empfahl zur Zeit des Kalten Krieges, dass in strittigen Fällen eine amerikanische Delegation den sowjetischen Standpunkt zur Gänze und Zufriedenheit der Sowjets darlegen sollte. Und dann müsste die sowjetische Delegation den amerikanischen Standpunkt referieren. Damit wären seiner Ansicht nach 50% des Problems auch schon gelöst. Diese Verfahrensregel wurde in der hohen Politik leider nie umgesetzt, könnte sich aber dort sowie bei Streitigkeiten in Firma, Freundeskreis und Ehe durchaus bewähren.

Die moderne Welt ist keine gelassene Welt, weil sie unwägbare Zustände vermeidet. Sie will stets Urteile erzwingen und lässt undefinierte Räume nicht zu. Ohne Etikett gibt es schon keine Existenz mehr. So kommt es zum Diktat der Mode, der Politik, der Konsumgüter und der Technik. Wir betreiben Rückbau von Entscheidungsfreiheit und ersetzen sie durch ein archaisches Reiz-Reaktions-Schema. Mode oder Politik setzen einen Impuls, wir reagieren impulsiv. Das macht die Welt vorhersehbar. So kommt es, dass wir nach und nach in immer mehr Reizen vor Langeweile sterben. Denn wie sollen uns die Dinge vor der Langeweile retten, in die sie uns durch ihre Vorhersehbarkeit stürzen?

Wir können uns nur selbst retten, indem wir ihnen mit Gelassenheit begegnen. Darin liegt auch etwas Heiteres: Die Erkenntnis, dass das Ereignis, das Objekt, das Ich – letztlich alles – nicht so ernst genommen werden muss. Die Gelassenheit zu den Dingen führt zu einer Offenheit für das Lebendige.

45 Übungen

Onkel Wilhelm: „Die Liebe ist ein Geschenk Gottes.
Sie ist nicht erklärbar. Sie ist ein Wunder."
Oma Elfriede: „Du meinst, sie kommt
von oben und da kann man
gar nichts machen?"
Harald Koisser, EROS. So ein Theater

Wie soll man gelassen sein, wenn man es nicht ist? Wie soll man präsent sein, wenn es so schwer fällt? „Gelassenheit gehört nicht in den Bereich des Willens", wie Heidegger angemerkt hat. Aber ist das nicht bloß ein Versteck für das Nicht Wollen?

Der Egozentriker wandelt den von Wittgenstein formulierten solipsistischen Leitsatz „Ich bin meine Welt" in „Ich bin eben wie ich bin" um, was bedeutet, dass die Welt, wenn sie mit mir zu Rande kommen will, sich eben ändern und mir anpassen muss. Doch die Welt hat ihren eigenen Egoismus und ändert sich nur insofern, als sie ihr Tempo erhöht. Sie ist ein selbsterhaltendes System, das sich nur ändert, wenn ihre Bestandteile sich ändern. „Zukunft ist nicht die Verlängerung der Vergangenheit", wendet sich Popper gegen alle destruktiven Gedanken wie „Ich bin wie ich bin" und „Da kann man nichts machen". Es ist nicht egal, wie wir über uns und unsere Möglichkeiten denken. Die entscheidende Frage ist nicht das bange „Was wird passieren?", sondern „Was kann ich tun?".

Natürlich muss man zuerst einmal gelassen sein wollen, um es dann zu können. So wie man etwa die Liebe wollen muss, um lieben zu können. Wenn wir Fertigkeiten der Seele als nicht zum Willen gehörend beiseite schieben, so bleibt uns nur die Hoffnung, dass sie uns irgendwie von außen zufallen. Durch ein göttliches Wunder oder einen glücklichen Zufall. Durch irgendetwas, was nicht in unserer Hand liegt und uns völlig unbegreiflich ist. Das ist die Bankrotterklärung des autonomen

Menschen, eine fahrlässige Selbstentäußerung von Handlungsfähigkeit.

Das Pflänzchen des Fatalismus wuchert, wenn die Phantasie durch dauerndes Reizstakkato abgetötet ist und sich nichts mehr als anhaltenden Stumpfsinn vorstellen kann. Die Bequemlichkeit, die darin liegen mag, die Verantwortung für das eigene Leben an andere zu delegieren, ist von Leichenstarre nicht mehr zu unterscheiden. „Wenn es ein persönliches Geschick gibt, dann gibt es kein übergeordnetes Schicksal", lautet die tröstende Erkenntnis von Albert Camus.

Präsenz, Mäßigung und Gelassenheit sind natürlich Fertigkeiten, die man trainieren kann wie Tanzen, Tennis oder Luft anhalten. Manche haben eine angeborene Begabung dazu, anderen fällt es schwerer, doch möglich ist es allen.

Aus dem Sport weiß man, dass schon das Beobachten eines Profis, etwa bei Golf oder Tennis, positive Auswirkungen auf das eigene Spiel haben kann. Der Zuschauer antizipiert die Bewegungsabläufe von Roger Federer oder Tiger Woods und verinnerlicht sie, sodass beim nächsten Mal am Sand oder am Green eine Verbesserung der eigenen Schlagtechnik eintreten kann. „So also geht das!", erkennt man als Beobachter, auch wenn man es nicht selbst umsetzen kann. Doch eine Idee des „Was wäre wenn" leuchtet auf. Ein überraschender Hauch von Erleuchtung. So kann eine Änderung auch schon möglich werden, indem man einfach nur mit einer Idee konfrontiert wird. Wie etwa durch Lesen dieses Buches. Indem man von der Notwendigkeit von Präsenz, Mäßigung, Gelassenheit und Stille im Allgemeinen liest, taucht eine Ahnung davon auf, was wäre, wenn man so wäre. Dann kann man es einmal probieren. Beim nächsten Streit mit dem Partner, beim nächsten impulsiven Griff zu einem Ding, das man unbedingt haben muss. Wer weiß. Stille kommt nicht auf Knopfdruck, doch sie ist als Anlage – ja, als Notwendigkeit – in jedem Menschen vorhanden. Wir können durch Wille und Übung werden, was wir sind. Hier sind 45 Impulse dazu.

1 Mitten in der Hausarbeit alles fallen lassen

Es gibt zu Hause viel zu tun. Wäsche waschen, Staub saugen, Geschirrspüler ausräumen und endlich die Glühbirne im Badezimmer auswechseln. Sie schuften wieder einmal, kämpfen gegen Windmühlen, versuchen der Zunahme von Unordnung in dieser Welt entgegenzuwirken, fühlen sich wie Sisyphus. Plötzlich läutet der Wecker. Sie haben ihn selbst vor einer Stunde eingestellt, damit er Sie erinnert. Daran, jetzt mitten in der Arbeit alles fallen zu lassen. Folgen Sie dem Läuten unmittelbar. Der Geschirrspüler ist nur halb ausgeräumt, die Laden des Werkzeugschranks stehen offen, der Staubsauger liegt mitten im Wohnzimmer. Egal. Jetzt ist Auszeit und basta. Sie setzen sich hin, machen sich einen Kaffee, nehmen die Zeitung. Wie lange haben Sie gebraucht, um sich wirklich hinzusetzen? Drei Sekunden, drei Minuten? Mussten Sie dies und das noch schnell erledigen? Wie fühlen Sie sich? Unwohl? Weil man erst rastet, wenn alles erledigt ist? Die Arbeit von Sisyphus ist nie erledigt, die Zunahme von Unordnung ist eine Grundkonstante dieser Welt. Bedenken Sie das ausgiebig, während Sie Ihren Kaffee genießen.

2 An die Mitmenschen denken

Es ist ein Tag wie jeder andere. Sie fahren mit der U-Bahn, gehen in die Betriebsküche oder ein nahes Wirtshaus mittagessen, sitzen auf einer Parkbank. Es geht Ihnen gut. Sehen Sie den anderen Menschen kurz ins Gesicht. Gerade lange genug, damit Sie die Gesichtszüge erkennen. Was mag diese Frau dort drüben wohl denken und fühlen? Woher kommt dieser Mann? Was mag er von Beruf sein? Sehen Sie ihnen ins Gesicht und lächeln Sie und hoffen Sie, dass es ihnen auch gut geht. Beginnen Sie gleich beim Frühstück mit Ihrer Familie.

3 Eine kleine Schweigewanderung machen

Machen Sie mit jemandem einen kleinen Spaziergang. Nehmen Sie sich nichts Großes vor. Einfach eine Runde durch den nahen Park oder das Flussufer entlang bis zum Eisgeschäft. Am besten ist es, Sie wählen einen Weg durch die Natur. Es ist schön, etwas Schönes mit jemandem zu teilen. Gehen Sie den vorbestimmten Weg – und schweigen Sie. Gemeinsam. Sie machen sich aus, dass Sie von Punkt X bis Y nichts sagen. Und wenn die Freude darüber, dass man endlich nicht sprechen muss, aus Ihnen herausbrechen will und Sie es dem anderen mitteilen wollen – schlucken Sie es hinunter. Solange, bis Sie am Ziel sind. Es ist ein interessantes Erlebnis.

4 Die Zeitung von gestern lesen

Wollen Sie auf dem letzten Stand sein? Wollen Sie wissen, was gespielt wird und was es geschlagen hat? Dann lesen Sie doch die Zeitung. Aber die von gestern. Nehmen Sie sich Zeit, bestellen Sie ein Glas Wein und machen Sie es sich gemütlich. Sieh an, was alles los war, während Sie gestern gearbeitet oder einen Ausflug gemacht habe. Bedenken Sie zugleich, was jetzt gerade alles passiert, während Sie in der Zeitung das lesen, was gestern passiert ist. Bedenken Sie, was alles passiert, was überhaupt nie in der Zeitung steht. Wir versäumen andauernd Nachrichten. Ist das nicht entsetzlich, erschreckend, verstörend oder – beruhigend? Beschleicht Sie das Gefühl, dass Sie das, was Sie hier lesen, schon gestern hätten wissen müssen oder denken Sie eher, dass Sie es gar nicht hätten erfahren müssen? Wenn Sie unsicher sind, wiederholen Sie die Übung morgen. Heben Sie die Zeitung von heute für morgen auf.

5 Sich freuen, dass man lebt

Guten Morgen, Sie sind lebendig. Das ist ein Grund sich zu freuen. Verstärken Sie das Gefühl, indem Sie nach dem Frühstück auf den Friedhof gehen. Irgendwo in der Nähe Ihres Wohnortes ist sicher ein Friedhof, den Sie besuchen können. Wählen Sie unbedingt einen, wo niemand von Ihren Verwandten liegt. Sie sollen keine Kerzen auf das Grab Ihres Großvaters stellen oder das Gras am Grab Ihrer Mutter mähen. Sie sollen sich nur freuen, dass Sie leben. Es ist keine Schande, sich des Lebens zu freuen. Tun Sie es. Es ist der erste Tag vom Rest des Lebens. Denken Sie an beides: dass Sie erstens irgendwann auch dort in einem Grab liegen werden und zweitens – jetzt noch nicht. Verhalten Sie sich danach.

6 Wasser und Brot genießen

Woran denken Sie bei Wasser und Brot? Gefängnis? Christentum? Armut? Nehmen Sie sich heute vor, zu einer Mahlzeit nur Wasser und Brot zu sich zu nehmen. Vielleicht gleich heute zum Frühstück oder zum Abendessen. Probieren Sie es. Wie ist das Gefühl? Fühlen Sie sich gefangen, christlich, arm? Fühlen Sie sich asketisch, albern? Bedenken Sie, dass wohl niemand sonst in unserem Kulturkreis jetzt gerade nur Wasser und Brot zu sich nimmt. Bedenken Sie, welch unglaubliche Vielfalt an Brot es in Mitteleuropa gibt. Und so viel Wasser. Herrlich klares Quellwasser, oft direkt aus der Wasserleitung. Fühlen Sie sich plötzlich gar – extravagant, hedonistisch, königlich?

7 An einem Urlaubstag zu Hause bleiben

Urlaubstage sind kostbar, man nimmt sie nur aus gutem Grund. Um etwas zu erledigen oder zu erleben. Das ist verständlich, es ist immerhin ein Urlaubstag. Nehmen Sie sich am nächsten Montag einen Ihrer sauer erarbeiteten Urlaubstage – und bleiben Sie zu Hause. Kein Spaziergang, kein Ausflug, bloß keine Arbeit. Bezwingen Sie den Gedanken, das Bügelbrett oder den Werkzeugkoffer hervor zu holen, schalten Sie nicht den Fernsehapparat ein und gehen Sie nicht ins Kino. Einfach zu Hause bleiben und „nichts" tun. Sie können lesen, in der nahen Gastwirtschaft mittagessen, nachdenken, fangen vielleicht mit jemandem zu plaudern an, bestellen etwas, das Sie nicht kennen. Sie entdecken, dass man nicht überall sein kann. Aber genau hier können Sie sein. Und wie! Genießen Sie Ihre Anwesenheit.

8 Sich an gestern erinnern

Erinnern Sie sich an gestern. Wie war es? Wissen Sie noch alles, oder zumindest einiges? Diese Übung können Sie an jedem beliebigen Tag durchführen. Sie erinnern sich also an einen Tag in der Arbeit, zu Hause, oder an einen Urlaubstag. Entscheidend ist nur, dass Sie sich erinnern. Was ist am Vormittag passiert? Was am Nachmittag? Was haben Sie gegessen? Versuchen Sie, es sich ins Gedächtnis zu rufen. Wenn Sie ausreichend an gestern gedacht haben, lassen Sie es bleiben. Wir wollen nicht übertreiben. Leben Sie den heutigen Tag. Am besten so, dass es morgen Spaß macht, an ihn zu denken.

9 Alleine sein

Verbringen Sie einen Tag in angenehmer Gesellschaft – mit sich selbst. Alleine sein heißt wirklich alleine sein. Kein Mensch sonst in der Nähe. Küssen Sie Partner und Kind auf die Stirn und verabschieden Sie sich. In ein Zimmer, in den Wald, auf ein Boot. Vielleicht wollen die anderen Familienmitglieder ja mitmachen. Jeder kann ganz nach seinen Wünschen einen Tag lang alleine sein. Am Abend sehen Sie sich dann wieder und erzählen einander, was Sie alles erlebt haben.

10 Sich an einen alten Freund erinnern

Sie haben Zeit und Muße. Die Gedanken können schweifen und Sie erinnern sich an einen alten Freund. An jemanden, der Ihnen einmal etwas bedeutet hat, der Ihnen nahe war. Sie haben sich aus den Augen verloren. Aber jetzt denken Sie an ihn. Es gibt immer jemanden, der uns irgendwann aus bestimmten Umständen abhanden gekommen ist. Nehmen Sie sich die Zeit. Wer weiß, was daraus entsteht.

11 In Stille baden

Es war ein harter Arbeitstag. Zu Hause erwartet sie das Erwartete. Entspannen Sie sich mit einem Vollbad. Ein Bad ist reinigend und wohltuend. Baden Sie – in Stille. Ziehen Sie sich in einen Raum zurück, so wie Sie sich zum Schaumbad in das Badezimmer zurückziehen, ziehen Sie sanft die Tür hinter sich zu und machen Sie es sich bequem. Sie schlafen nicht, lesen nicht, tun nichts. Sie nehmen ein Vollbad in Stille. 10 Minuten sind Sie für sich, Sie ersuchen die anderen, das zu respektieren. Wer in Stille badet, ist mindestens so nackt wie jemand in der Badewanne. Spüren Sie, wie die Lautlosigkeit langsam von

Ihren Ohren in den Körper eindringt, in den Brustkorb, in die Hände. Wenn Sie so Lärm und Hektik ein wenig abgewaschen haben, strecken Sie sich und sind wieder da.

12 Ein stilles Örtchen festlegen

Suchen Sie sich einen Platz in der Wohnung aus, den Sie zum „stillen Örtchen" ernennen. Sie haben ja sonst auch für einiges Platz. Eine Sauna (also einen Raum, wo man nackt ist und schwitzt), einen Keller, wo man Gemüse und Werkzeug aufbewahrt, eine Küche, wo man Speisen zubereitet. Warum also nicht einen Raum, wo man schweigt. Ein kleines Örtchen mit Sprechverbot. So wie jeder weiß, was man in der Sauna macht, so sollte jeder wissen, was man hier macht. Und wenn sich wirklich gar kein Raum und keine Nische anbieten, dann bleibt immer noch das eigentliche „stille Örtchen". Montieren Sie die Haltevorrichtung für Klopapier mit integriertem mp3-Player (gibt es wirklich) ab. Verbitten Sie sich Fragen, Anklopfen oder sonstige Störungen. Irgendwo ist in jeder Wohnung und in jedem Haus ein stilles Örtchen.

13 Ohne Fotoapparat auf Urlaub fahren

Versagen Sie sich dieses eine Mal den Wunsch, etwas filmisch oder fotografisch fest zu halten – nicht einmal das süße Gehabe der Kinder. Ja, es ist schön, später einmal zu sehen, wie süß sie damals waren, doch diese eine undokumentierte Woche Urlaub wird Ihnen nicht abgehen. In dieser Woche lassen Sie den Fotoapparat absichtlich zu Hause und Sie kaufen sich auch keinen dieser Wegwerfapparate am Urlaubsort. Sie fotografieren einfach nicht. Sagen Sie es sich laut vor. Durchsuchen Sie das Gepäck, ob Ihr Partner nicht irgendwo eine Kamera hineingeschummelt hat. Besorgen Sie sich ein Handy ohne Fotofunktion. Kein Foto! Dafür Urlaub.

14 Einen Kratzer in sein Auto machen

Heute ist der Tag der Zerstörung, des Wahnsinns. Sie wissen gar nicht, wie Ihnen ist. Wie in Trance greifen Sie zum Schraubenzieher oder einem Nagel, gehen in die Garage und stehen auch schon vor Ihrem Auto. Wohlgemerkt: vor Ihrem eigenen Auto! Um die Wirkung der Übung zu verstärken, sollten Sie es vorher gewaschen haben. Und dann, unfassbar, machen Sie einen Kratzer in den Lack. Nicht gerade auf der Motorhaube oder der Fahrertür. Einen kleinen Kratzer irgendwo unten, auf der Stoßstange vielleicht. Was sehen Sie? Da sind schon so viele Kratzer? Dann kommt es auf den auch nicht an. Da sind noch keine? Na, dann wird es Zeit. Überlassen Sie das nicht anderen, tun Sie es selbst. Schnell zurück, Schraubenzieher wegpacken, durchatmen.

15 Orte, wo man still wird, suchen

Es gibt noch manche Orte, wo sich Stille automatisch einstellt. Ganz ohne Gebotsschilder und Ermahnungen, ja oft ohne Notwendigkeit und Absicht. Orte, die einfach soviel Autorität, Kraft oder Ruhe ausstrahlen, dass der Mensch verstummt oder zu flüstern beginnt. Kirchen natürlich, aber dort gehört das Stillegebot zum Inventar. Probieren Sie es vielleicht in einem schönen, alten Weinkeller. Die alten Bogengewölbe und die Kühle dämpfen zuverlässig auch die Stimme. Überhaupt scheint die Minimierung eines Reizes – in diesem Fall das Senken der Temperatur – eine beruhigende Wirkung auch auf andere Sinne zu haben. Auch die Natur bietet viele Orte, an denen Stille ganz von selbst einkehrt. Suchen Sie nach solchen Orten.

16 Der Stille der Natur lauschen

Wir reden die ganze Zeit von Stille, jetzt sollten Sie sie auch einmal hören. Fahren Sie in die Natur, in den Wald, auf eine Wiese. Es sollten keine Menschen um Sie sein. Dann lauschen Sie. Achten Sie genau auf das, was die Natur Stille nennt. Was hören Sie? Der Bach rauscht, der Wind pfeift, das Gras raschelt. Die Stille der Natur kann ganz schön laut sein. Und auch Sie selbst sind nicht still. Ihr Herz schlägt, Ihr Puls rast. Hören Sie hin. Was wir „Stille" nennen, ist nur eine andere Form von Geräusch. Keine Autos, Züge, Presslufthämmer, keine Hintergrundmusik im Kaufhaus! Dafür das hier. Sie können die Übung an jedem beliebigen Ort durchführen. Das Ergebnis ist stets dasselbe. In dem Moment, wo Sie Stille empfinden, ist es einfach nicht still. Stille macht Angst, weil wir eine falsche Vorstellung von ihr haben. Wir halten sie für die Abwesenheit von allem. Dabei ist in der Stille ganz schön was los. Probieren Sie, Ihre Stille zu finden.

17 Einen Brief schreiben

Wann haben Sie zuletzt einen Brief geschrieben? Nein, kein SMS und kein Mail. Sondern einen Stift zur Hand genommen, ein Blatt Papier glatt gestrichen und links oben zu schreiben begonnen? Schreiben Sie heute einen Brief. Schreiben Sie jemandem, der Ihnen nahe oder ferne steht. Schreiben Sie jemandem, der auf Post von Ihnen wartet. Einem Geschäftspartner, einer Verwandten. Aber schreiben Sie es in Form eines Briefes. Die eigene Handschrift, die durchgestrichenen Worte, die Gedankensprünge. Wie verblüffend das heutzutage ist. Welche Reaktion erhalten Sie?

18 Einen Tag lang auf keine Uhr schauen

Kinder, wie die Zeit vergeht. Kaum ist sie da, da ist sie schon wieder weg. Davon kann man sich problemlos durch den Blick auf eine Uhr überzeugen, zumal wenn sie einen permanent in Bewegung befindlichen Sekundenzeiger hat. Da rast die Zukunft durch die schmale Öse der Gegenwart unwiederbringlich in die Vergangenheit. Schluss mit diesem unangenehmen Zustand. Schauen Sie heute auf keine Uhr. Legen Sie am Sonntag Ihr Handy und Ihre Uhr in eine Schublade, steigen Sie in kein Auto mit einer Uhr am Armaturenbrett, lassen Sie Ihren Laptop mit der Digitalanzeige zugeklappt. Sperren Sie alle Uhren weg, drehen Sie die Digitalanzeigen in der Wohnung ab. Sie wissen plötzlich nicht, wie spät es ist? Wirklich nicht? Genießen Sie diesen Zustand. Erfreuen Sie sich daran, dass man die Zeit vom Vergehen abhalten kann, indem man aufhört, ihr Vergehen zu messen.

19 Über etwas Ernstes lachen

Es gibt vieles, über das Sie herzhaft lachen können. Über anderes wieder gar nicht. Dazu ist es einfach zu ernst. Denken Sie an das, worüber Sie einfach nicht lachen können. Und dann lachen Sie darüber. Das ist etwas schwierig, weil Sie es ja nicht wirklich lustig finden, aber es ist eben eine Übung. Die führen Sie am besten alleine durch. Sagen Sie sich laut vor, wie lächerlich dieses bestimmte Etwas doch ist. Sagen Sie es laut und verziehen Sie dabei leicht ihre Mundwinkel zu einem Lächeln. Beginnen Sie bei etwas Einfachem: dem Ölfleck, den Ihre Kinder auf den Teppich gemacht haben. Denken Sie daran, wie Sie sich aufgeregt haben. Lachen Sie darüber. Wenn Sie es geschafft haben, probieren Sie es bei etwas Schwierigerem aus. Bestimmte Regeln und Gesetze, Tod, Karriereplan. Probieren Sie kurz testweise auch darüber zu lachen. Lachen Sie über den Tod. Sprechen Sie dabei laut: „Du Tod du, du bist so lächerlich." Es muss aber wirklich etwas sein, über das Sie sonst nicht lachen können. Eine Krankheit; etwas, was Sie viel Geld gekostet hat; ein grober Fehler, den Sie gemacht haben und sich niemandem zu gestehen trauen. Sagen Sie es sich laut vor und ziehen Sie es ins Lachhafte. Und dann lachen Sie. Es ist eine Grenzüberschreitung, so als öffnete man eine Tür, auf der „Betreten verboten" steht. Aber ist es nicht irgendwie auch reizvoll, befreiend, anregend? Gut, jetzt schließen Sie die Tür wieder und werden wieder ernst. Über manche Dinge lacht man einfach nicht. Probieren Sie die Übung immer wieder.

20 Im Sommer den Christbaum schmücken

Wenn die Sonne hoch steht, dann nehmen Sie sich ein erfrischendes Getränk und machen sich auf zu einem neuen Abenteuer. Holen Sie den Christbaumschmuck hervor und schmücken Sie andächtig einen Baum. Wenn Sie gerade keine Tanne zur Hand haben, dann nehmen Sie eine Birke oder ein paar Äste, die Sie eingesammelt haben. Analog dazu könnten Sie im Winter Ostereier bemalen. Richten Sie alles akkurat her. Eier ausblasen, anmalen und zum Beispiel in einer Obstschale drapieren. Lassen Sie das Objekt in der Wohnung stehen. Nicht wegräumen, wenn Gäste kommen. Sie sind doch stolz auf Ihre schöne Arbeit. Wie geht es Ihnen dabei? Fühlen Sie sich komisch? Beginnen Sie über Rituale nachzudenken? Kommen Sie vielleicht auf andere Ideen – etwa heute schon ein Geschenk für Mamas Geburtstag in einem Jahr zu kaufen? Diese Übung kann verblüffende Ergebnisse haben. Probieren Sie es.

21 Eine bestimmte Farbe essen

Wie fühlen Sie sich heute? Sonnig, frisch, fröhlich? Auf welche Farbe haben Sie heute Lust? Gelb? Gut, dann essen Sie heute nur gelbe Sachen. Wenn Sie sich mehr nach „rot" fühlen, dann essen Sie nur rote Sachen. Oder schwarz? Wie viele schwarze Sachen finden Sie in Ihrem Eiskasten, im Kaufhaus, auf der Speisekarte? Probieren Sie solche farbigen Speisetage aus. Es macht Spaß, schärft die Wahrnehmung für das Essensangebot und führt zu spannenden Speisekombinationen.

22 Im Pilgerschritt gehen

Haben Sie heute wieder viel vor? Ist es ein Tag, an dem Sie viel unterwegs sein werden? Sehr gut, dann probieren Sie, eine Teilstrecke des Tages im Pilgerschritt zurück zu legen. Zwei Schritte nach vor, einen zurück. Das muss man langsam machen, damit man nicht durcheinander kommt. Und wieder zwei Schritte nach vor und einen zurück. Stellen Sie sich vor: manche Pilger gehen auf diese Art und Weise über große Distanzen. Lassen Sie sich darauf ein. Es muss ja nicht gerade im Supermarkt beim Einkaufen sein. Drehen Sie eine Runde im Garten und probieren Sie es dort.

23 Atmen üben

Denken Sie an die unfassbar lauten Stimmen, die Babys haben. Sie holen tief Luft, der Bauch wölbt sich – und dann geht's los! Im Laufe der Jahre wird man immer kurzatmiger, oft auch leiser, weil man vergisst, richtig zu atmen. Setzen Sie sich jetzt aufrecht hin und legen Sie die Hände auf den Bauch. Mehr müssen Sie nicht tun. Währenddessen sehen Sie sich einen Film an oder hören Musik. Lassen Sie bloß die Hände auf dem Bauch.

Wölbt er sich beim Atmen so wie der Bauch eines Babys? Falls Sie etwas stört, dann entfernen Sie es: Machen Sie den obersten Knopf der zu engen Hose auf, lockern Sie den Gürtel. Die Luft gehört tief hinunter in den Bauch. Also Hände dorthin und immer ein und aus, ein und aus … Sehr gut, nur weiter so. Sie können diesen Effekt auch herbeiführen, wenn Sie sich beim Einatmen ein Nasenloch zuhalten. Der Ansaugdruck wird vergrößert und die Luft tiefer hinunter befördert. Sie atmen richtig, wenn sich der Bauch schön bewegt und der Bauch bewegt sich erstaunlicherweise automatisch, wenn man die Hände auf ihn legt. Ein ganz einfaches Training, das Sie täglich durchführen können.

24 Etwas tun, was man nie tun würde

Jeder versucht natürlich, die zehn Gebote einzuhalten. Wir alle ehren Vater und Mutter und begehren nicht des Nachbarn Hab und Gut. Aber darüber hinaus gibt es kleine Dinge im Alltag, die man ebenfalls nie tun würde. Angewohnheiten, Attitüden, eingelernte Verhaltensweisen. Etwa: laut auf der Straße singen. Ein Glas Wein bestellen, ohne davon auch nur einen Schluck zu trinken. Einfach mitten im Telefonat kommentarlos die Verbindung trennen, wenn man das Dauergerede der Tante nicht mehr erträgt.

Die Übung besteht aus zwei Teilen. Erstens: darüber nachdenken, was einem so alles an Dingen, die man niemals tun würde, einfällt. Und dann: einfach irgendetwas davon einmal tun!

25 Einen Tag fasten

Verzichten Sie einen ganzen Tag lang auf Nahrung. Sie trinken wohl etwas (am besten nur Wasser, keinen Alkohol!), nehmen aber zwischen Aufstehen und Zu-Bett-Gehen keine feste Nahrung zu sich. Keine Angst, diese Übung ist nicht lebensgefährlich. Am nächsten Morgen werden Sie ja tüchtig frühstücken. An diesem einen Tag aber verzichten Sie darauf, sich Energie zuzuführen. Suchen Sie sich irgendeinen Tag aus. Vielleicht gleich heute. Für Leute, die noch nie gefastet haben, ist so ein Probetag eine interessante Übung. Beobachten Sie, wann sich Hunger einstellt und ob sich überhaupt Hunger einstellt. Vielleicht spüren Sie eine Befreiung.

26 Einen Weg im Geiste gehen

Es gibt einen Spazier- oder Wanderweg, den Sie gut kennen. Sie gehen ihn oft, er ist Ihnen gut bekannt. Gehen Sie diesen Weg heute. Aber nur im Geiste. Sie bleiben ganz bequem sitzen, machen vielleicht die Augen zu, trinken einen Tee und machen sich auf die Reise. Los geht's. Gehen Sie langsam los, aus der Haustür hinaus, die Gasse hinunter. Nicht stehen bleiben. Gehen Sie den ganzen Weg, bis Sie wieder zu Hause sind. Langsam und in Gedanken. Versuchen Sie, sich an den ganzen Weg zu erinnern und wo Sie sich nicht genau erinnern, stellen Sie sich etwas vor.

27 Die Messe besuchen

Nutzen Sie Ihren nächsten Urlaubsaufenthalt, um wieder einmal in die Kirche zu gehen. Nein, nicht so, wie man Kirchen an Urlaubsorten besucht, sondern so, wie es die Einheimischen tun oder wie Sie selbst es wahrscheinlich schon getan haben. Indem Sie eine katholische Messe besuchen. Liegt Ihr letzter Messebesuch schon sehr lange zurück? Gehören Sie einem anderen Glauben an? Umso eher sollten Sie es tun. Versuchen Sie, sich in die Rituale einzugliedern, aufzustehen, wenn alle aufstehen, einander die Hände reichen, laut ein Gebet sprechen. Keine Scheu! Es ist es eine interessante Erfahrung. Lassen Sie sich darauf ein.

28 Nach dem Aufwachen liegen bleiben

Sie haben herrlich geschlafen. Regen tropft ans Fenster oder die Sonnenstrahlen fließen in das Zimmer. Sie nehmen Ihre Umgebung wahr, räkeln sich, spüren auch schon den Appetit auf Kaffee oder Tee. Jetzt aber los und hinaus in die Welt! Nein, Halt. Halten Sie sich zurück. Zögern Sie es hinaus. Drehen Sie sich noch einmal um. Schließen Sie noch einmal die Augen, obwohl Sie nicht mehr müde sind. Sie nehmen kein Buch zur Hand, drehen keine Musik auf, wecken niemanden auf. Sie liegen einfach wach da und realisieren, dass Sie wach sind und einfach da liegen. Wenn Sie unbedingt etwas tun müssen, dann denken Sie darüber nach, wie oft Sie schon in wachem Zustand einfach so dagelegen sind und nichts getan haben. Nach ungefähr zehn Minuten stehen Sie auf. Sie sind auf den Tag bestens vorbereitet.

29 In die Vergangenheit schauen

Die Welt verändert sich, alles ist vergänglich. Wir hören von alten Zeiten und kennen sie nur aus Büchern, alten Fotos, Stichen, Urkunden.

Doch, halt! Einiges gibt es, was sich nicht verändert hat. Sie brauchen keine alten Folianten oder vergilbte Fotos zu betrachten. Sie müssen einfach nur hinaus vor die Tür und es ist da. Live! Genau so wie vor 200 oder 2000 Jahren.

Statten Sie heute der weiten Vergangenheit einen Besuch ab. Gehen Sie in einen Wald und suchen Sie einen Platz, wo kein Holz gestapelt ist, keine Wegweiser angebracht sind, und nichts außer dem schmalen Weg, auf dem Sie gehen, an Zivilisation erinnert. Wenn Sie nun in den Wald schauen, so sehen Sie etwas, was genauso tausend Jahre zuvor zu sehen war. Mischwald, Totholz, unwegsames Gelände. Selbst kultivierte Wälder in der Nähe von Großstädten bieten solche Situationen. Schauen Sie in die Ewigkeit eines Waldes.

Oder schauen Sie in den Himmel. Setzen oder legen Sie sich hin, suchen Sie einen Blickwinkel, wo keine Hochhäuser oder Kondensstreifen die Sicht irritieren. Was sehen Sie? Das, was die Menschen auch vor tausenden Jahren gesehen haben. Diese Ansicht ist unverändert geblieben. Dieselben Blautöne und Wolkenformationen.

Und wenn Sie das nächste Mal am Meer sind, suchen Sie eine Stelle, wo man gerade keine Schiffe vorbeiziehen sieht. Schauen Sie auf das Meer. Es ist ein alter, uralter Blick, wie ihn auch Cro-Magnon Menschen gekannt haben.

Es gibt ihn also – den Blick in die Vergangenheit. Es hat etwas Tröstliches, es hat etwas von Ewigkeit. Vielleicht finden Sie ja selbst ein paar unveränderte Motive. Suchen Sie danach.

30 Sich im Urlaub von etwas trennen

Sie sind an Ihrem Urlaubsort angekommen. Die Koffer sind sorgfältig und umsichtig gepackt worden. Man braucht schon einiges für einen Urlaub. Dies und das. Das auch? Sehen Sie genau hin. In Ihren Koffer, in Ihr Schreibset, in das Kosmetiktäschchen. Sie finden sicher etwas, von dem Sie sich trennen können. Tun Sie es. Trennen Sie sich von etwas. Nicht von dem Einpackpapier einer Schokolade! Sie sollen nichts wegwerfen, sondern sich von etwas trennen. Trennungen, Verlust und Verzicht sind Bestandteil unseres Lebens. Es ist eine Wandlung. Wir geben, um etwas anderes nehmen zu können. Probieren Sie es aus. Trennen Sie sich von etwas. Lassen Sie es an Ihrem Urlaubsort zurück.

Wenn Sie das erfolgreich geschafft haben, machen Sie weiter. Gehen Sie zu Hause in den Keller oder Ihren Kleiderschrank oder in sich und – trennen Sie sich. Es gibt viele Möglichkeiten, sich von etwas zu trennen und dafür etwas zu bekommen.

31 Sein Essen segnen

Das Essen kommt. Die Suppe, der Braten, der Salat. Sie haben sich darauf gefreut. Halten Sie aber noch ein wenig inne, bevor Sie zum Besteck greifen. Halten Sie sanft die Hände über den Teller und segnen Sie das Essen. Sie müssen sich dazu keiner Formel bedienen, die Handlung an sich hat etwas Segnendes. Sie können auch einfach „Danke“ murmeln. Hauptsache, Sie halten kurz inne und würdigen das, was Ihnen kredenzt wird. Es ist eine Form von Aufmerksamkeit und eine kleine Übung in Demut. Es verstärkt den Genuss beim Essen und ist auch ein Danke an denjenigen, der das zubereitet hat. Wenn Sie das mit einem Mahl, das Sie selbst zubereitet haben, machen, lohnt es sich also doppelt.

32 Alles gleichzeitig tun

Sie lesen gerade diesen Text. Das ist ineffizient. Beginnen Sie, zugleich auch etwas anderes zu tun. Lassen Sie die Augen auf dem Text und schlürfen Sie an Ihrem Tee. Drehen Sie das Radio auf, es sind gerade Nachrichten oder das Kulturprogramm, das Sie so mögen. Steigern Sie die Schwierigkeit und beginnen Sie jetzt noch ein Gespräch mit Ihrem Partner über die Schulerfolge der Kinder und denken Sie zugleich an alles, was Sie noch erledigen müssen.

Wenn Ihnen das blöde vorkommt, haben Sie recht. Drehen Sie das Radio ab, legen Sie das Buch weg und konzentrieren Sie sich endlich und ausschließlich auf Ihren Tee. Genießen Sie den Schluck. Tun Sie das, was Sie tun, mit voller Aufmerksamkeit.

33 Sich selbst zulächeln

Wenn man sich im Spiegel betrachtet, dann hat es immer einen gewissen Zweck. Man probiert Gewand an oder widmet sich der Körperpflege. Damit hat es sich auch schon. Schade eigentlich. Man verbringt so viel Zeit mit sich selbst, dass man sich ruhig mehr Aufmerksamkeit schenken könnte. Setzen Sie sich heute vor den Spiegel und sehen Sie sich einfach in die Augen. So wie Sie es auch mit lieben Freunden im Kaffeehaus machen. Und dann – lächeln Sie. Schenken Sie sich ein Lächeln. Sehen Sie: Sie lächeln zurück. Wie hübsch. Steigern Sie die Intimität, indem Sie laut „Hallo" und Ihren Namen sagen. Diese Übung sollten Sie regelmäßig durchführen, wie das Zähneputzen.

34 Im Regen gehen

Es regnet gerade? Wunderbar. Ziehen Sie sich wetterfest an und gehen Sie hinaus. Nicht hastig und gebückt wie all die anderen, die rasch eine Besorgung oder sonst etwas machen müssen. Sie sind ja freiwillig hier. Hören Sie, wie das Wasser auf Ihren Schirm oder Ihre Kapuze tropft. Suchen Sie auch eine natürliche Umgebung und achten Sie darauf, wie der Geruch von Laub und Holz intensiver wird. Der Regen raschelt im Laub. Schuhe und Kleidung werden schmutzig? Sehr gut, das Kind in Ihnen wird begeistert sein. Nehmen Sie die Familie mit und genießen Sie das herrliche Wetter gemeinsam.

35 Die Lieblingsmusik hören

Schon Georg Friedrich Händel soll als Auftragsarbeit Musikstücke gegen Migräne komponiert haben. Musik als Heilmittel einzusetzen ist also keine Erkenntnis der Neuzeit. Musik macht glücklich. Legen Sie eine CD auf und hören Sie zu. Am besten, Sie nehmen Musik, die Ihnen gefällt, am besten überhaupt Ihre Lieblingsmusik. Händels Feuerwerksmusik, einen Rock 'n' Roll, eine Bach-Etüde oder Hip Hop. Recht so und laut aufdrehen. Nur die Musik zählt jetzt. Kommen Sie gar nicht erst auf den Gedanken, sich eine so genannte Entspannungsmusik anzuhören. Die macht nur aggressiv (wenn man sie nicht mag). Fünf Minuten lang das hören, worauf Sie gerade Lust haben. Im Auto, zu Hause mit Kopfhörer – egal. Bloß nicht halbherzig mit geringer Lautstärke, um die Nachbarn nicht zu wecken oder den Partner nicht beim Fernsehen zu stören. Nichts da. Fünf Minuten Glück. Drehen Sie auf.

36 An Farben denken

Farben können unsere Vitalität und unsere Stimmung beeinflussen. Aber man kann sich nicht immer aussuchen, wie das Umfeld gerade eingefärbt ist. Selbst ist der Mensch. Schließen Sie die Augen und stellen Sie sich die passende Farbe einfach vor. Wollen Sie ein wenig Ruhe? Dann sollten Sie sich an Grün und Blau halten. Oder brauchen Sie eher einen kleinen Vitaminstoß, weil Sie heute viel vorhaben? Dann sind Gelb und Rot angezeigt. Schließen Sie die Augen und stellen Sie sich eine Lichtkugel in der entsprechenden Farbe um ihren Kopf vor. Mit ein wenig Übung wird es Ihnen gelingen und Sie werden Spaß daran haben, sich mit dem gesamten Farbspektrum zu umgeben. Na bitte, und jetzt hinaus in den bunten Alltag.

37 Einen Tag ohne Handy verbringen

Es hat eine Zeit gegeben, als es keine Mobiltelefone gab. Da trug man nur Geldbörsen, Fahrscheine, Schlüssel oder Schminksachen in den Taschen. Versetzen Sie sich einen Tag lang in diese Steinzeit der Telekommunikation zurück und lassen Sie Ihr Handy zu Hause. Sie können es sich zum Aufwärmen einfach machen und einen Urlaubstag wählen. Wenn Sie das probiert haben, steigern Sie den Schwierigkeitsgrad und versuchen Sie es an einem ganz normalen Dienstag. Einfach so. Jetzt sind der Fantasie keine Grenzen mehr gesetzt. Alles wird möglich. Ein handyfreier Tag pro Woche, drei handyfreie Urlaubswochen …

38 Die Natur spüren

Widmen Sie den heutigen Tag der Natur. Am Land geht das ja recht einfach, spannend wird diese Übung in der Stadt. Sie müssen gar nichts Großartiges tun. Eher fünf ganz einfache Dinge. Sie sollten heute eine Frucht pflücken, die Hand in Erdreich stecken, ein Tier streicheln, etwas Rohes essen und eine Ansammlung von Bäumen (es ist ja nicht immer gleich ein ganzer Wald zur Hand) sehen. Der Reiz dieser einfachen Dinge liegt darin, es bewusst zu tun. Nehmen Sie es sich vor. Machen Sie eine Checkliste. Geht sich alles aus an einem einzigen Tag in der Stadt? Oder müssen Sie etwas auf den nächsten Tag verschieben? Probieren Sie es aus.

39 Auf der anderen Seite des Bettes schlafen

Es wird nicht einfach sein, das Ihrem Partner klar zu machen, doch Sie wollen diese Nacht auf der anderen Seite des Bettes schlafen. Kämpfen Sie darum. Sie wollen auch einmal beim Fenster liegen, wenigstens ein Mal in zehn Jahren! Bestehen Sie darauf, auch wenn es schwer fällt. Dafür brauchen Sie sich genau genommen nicht einmal auf Diskussionen mit irritierten Partnern einzulassen. Sie legen sich einfach mit dem Kopf dorthin, wo sonst Ihre Füße sind. Ertragen Sie es? Können Sie so überhaupt einschlafen? Wenn Sie das gemeistert haben, können Sie andere Abenteuer probieren. Auf einem anderen Platz am Frühstückstisch sitzen, einen anderen Weg in die Arbeit nehmen …

40 Sich aufmerksam einen Schwachsinn im Fernsehen anschauen

Suchen Sie mit Bedacht eine Sendung aus, die Ihre niedersten Ansprüche unterschreitet. Eine Talkshow oder einen Heimatfilm. Irgendetwas, wo mit Substanzlosigkeit zu rechnen ist. Sie wollen ja nicht mitdenken, sich nicht belehren oder aufwühlen lassen. Sie wollen einfach eine Stunde lang diese Welt verlassen und in eine andere eintauchen. Nur zu. Der Graf reitet auf seinem Schimmel die Klippen von Cornwall entlang. Sonnenlicht reflektiert in der Gischt des Meeres. Machen Sie es sich bequem, aber machen Sie sich nicht lustig. Leben Sie mit, versuchen Sie die Nöte der Menschen zu verstehen und die Geschichte ernst zu nehmen. Wird die Haushälterin, in die der Graf heimlich verliebt ist, je erfahren, dass sie seine im Babyalter verschwundene Schwester ist? Schauen Sie aufmerksam zu, ohne sich abzulenken oder etwas anderes nebenbei zu tun. Ihre ganze Hingabe ist in der Geschichte. Weinen Sie ruhig, lachen Sie, freuen Sie sich am glücklichen Ende. Dann schalten Sie aus. Ein schwarzer Bildschirm, die Umwelt kehrt zurück. Aus den Klippen von Cornwall wird wieder Ihr Wohnzimmer. Widmen Sie sich wieder Ihrem Leben.

41 Durch die stockdunkle Wohnung gehen

Sie wachen auf in der Nacht. Es ist dunkel. Sie haben Durst oder wollen ein Fenster schließen. Sie rappeln sich hoch und – machen kein Licht. Nein, Sie schalten das Licht nicht ein. Sie gehen im Dunkeln zum Fenster, schließen es und gehen ins Schlafzimmer zurück. Wenn Sie schon unterwegs sind, dann besuchen Sie doch ein anderes Zimmer oder machen einen kleinen Rundgang. Finden Sie sich bei Finsternis in Ihrem Zuhause zurecht? Wissen Sie, wo die Stühle und Regale stehen? Machen Sie den ersten Rundgang lieber langsam und vorsichtig, sonst gibt es blaue Flecken. Mit ein bisschen Übung können Sie bald im Dunkeln durch alle Zimmer laufen. So haben Sie Ihr Zuhause noch nie „gesehen". Oder machen Sie die bedrückende Erfahrung, dass es gar nicht dunkel ist in Ihrer Nacht?

42–45 Vier „Bonustracks" zur Ausschaltung des Denkens

Entspannung heißt, das Äußere und Innere abzudrehen. Zwei gewaltige Ströme drücken gegen die Staumauer unserer zarten Seelen. Einer kommt von außen. Es ist der Strom aller Reize und Wahrnehmungen mit dem Geröll all der Probleme, die unser Leben aufwirft. Der andere Strom, nicht minder mächtig, entspringt in uns selbst. Mit enormem Druck drückt er Gedanken und Bilder an die Staumauer. Meist immer die gleichen, in trostloser Monotonie, so als würde er eine innere Höhle mit Glaubenssätzen, Ängsten und Vorurteilen ausschwemmen und in die Wahrnehmung spülen. Vorzugsweise um drei Uhr früh.

Der Kern innerer Ruhe liegt darin, das rasende Selbst zu beruhigen und die wie heiße Geysire heraufquellenden Gedanken abzuschalten. Doch der Versuch, nicht zu denken, erweist sich als fast unmöglich, da die innere Produktion von Bildern und Worten auf Hochtouren läuft. Auch wenn alle äußeren Reizquellen von einem Moment auf den anderen abgedreht werden können, braucht es doch eine innere Reise zur Stille. Wir können durch Training diese Reisezeit verkürzen. Je schneller wir in einen heiteren, stillen Zustand verfallen, umso besser. Hier sind einige Übungen, die konkret auf die Erlangung von Gedankenleere abzielen. Der Sinn der vorangegangenen Übungen mag sich nicht gleich erschließen, diese hier haben hingegen ein klares didaktisches Ziel.

Ankommen: Setzen Sie sich locker auf einen Stuhl, ohne sich zu verkrampfen. Stellen Sie die Beine fest auf den Boden. Dann konzentrieren Sie sich auf den Scheitel des Kopfes und stellen Sie sich vor, dass von hier aus ein Wasserfall aus Licht durch den gesamten Körper fließt. Langsam von oben nach unten. Begleiten Sie das Licht durch den Körper, indem Sie sich leise die Körperteile vorsagen: Gesicht, Hals, Schultern … Ziel der Übung ist ein Umschalten von Aktivität auf Entspannung. Sie können das Licht auch jederzeit in einer kurzen Pause im Büro durch den Körper fließen lassen.

Atem zählen: Atmen Sie langsam durch die Nase ein und aus und konzentrieren Sie sich auf das Fließen des Atems entlang der Nasenlöcher. Zählen Sie die Atemzüge. Einatmen – eins, Ausatmen – zwei. Zählen Sie langsam bis achtzehn. Jetzt haben Sie neun Mal ein- und neun Mal ausgeatmet. Machen Sie noch einen Durchgang und konzentrieren Sie sich ausschließlich auf das Zählen. Nichts anderes zählt jetzt. Ziel der Übung ist die Reduktion von vielen Gedanken und Eindrücken auf eine einzige Aktivität, das Zählen.

Pivoting im Trockenen: Taucher kennen eine Übung namens „Pivoting", bei der man lernt, unter Wasser auf der Flossenspitze zu stehen und langsam durch Ein- und Ausatmen mit dem Oberkörper nach oben und unten zu pendeln, mit der Flossenspitze als Drehpunkt. Ohne jemals mit dem Körper den Boden zu berühren oder nach oben aufzusteigen. Eine Übung, die zuverlässig für Heiterkeit unter Wasser sorgt, wenn die Probanden mit schwerem Körper am Boden aufknallen oder wie Luftballons davon schweben. Es funktioniert nur, wenn man ruhig, gleichmäßig und vorausschauend atmet und die Pendelbewegung mit dem Atem synchronisiert. Das kann man auch im Trockenen probieren. Setzen Sie sich bequem auf den Boden und beginnen Sie, mit dem Oberkörper zu pendeln. Egal ob nach vor und zurück oder seitwärts. Während des Ausatmens pendeln Sie langsam in die eine Richtung, beim Einatmen langsam in die andere. Und immer so fort. Ziel der Übung ist, genauso wie vorhin, die Konzentration auf eine einzige Aktivität anstatt auf viele.

Weiße Wand: Setzen Sie sich mit dem Gesicht zu einer möglichst monochromen, hellen Fläche, idealerweise vor eine weiße Wand. Die Augen sollten leicht geschlossen werden, damit man weder von den inneren Bildern noch von äußeren optischen Reizen abgelenkt wird. Die Augen sind also weder weit aufgerissen noch geschlossen. Sie blicken durch Augenschlitze eine weiße Wand an und konzentrieren sich eine Zeitlang nur auf diese weiße Fläche. Ziel der Übung ist Gedankenleere.

Am Ende ist es immer still

„Die Wahrheit über sich wissen und trotzdem weitermachen, ist Zynismus“, bemerkt Peter Sloterdijk. Dann leben wir zynisch, wenn wir uns lautstark nach Stille sehnen, aber diese Sehnsucht im Alltag nicht einlösen. Wir beschwören etwas von Wert (wozu sonst es beschwören?), handeln aber nicht danach. Wie ein Kind, das die Eltern anlügt und vorgibt, die Zähne brav geputzt zu haben. Cui bono? Wir können die Eltern belügen, aber nicht die Zähne.

„Aus Mangel an Ruhe läuft unsere Zivilisation in eine nette Barbarei aus“, merkte Nietzsche an. Die Tätigen, also die Ruhelosen, würden zu hoch im Ansehen stehen und es bedürfe einer notwendigen Korrektur des menschlichen Charakters. Das beschauliche Element müsse in großem Maß verstärkt werden.

Ich halte es mit Popper („Es ist sittlich richtig, das Positive anzunehmen“) und gehe davon aus, dass diese Korrektur gelingen wird. „Jeder ist heutzutage glücklich“, sagt Henry in Huxleys „Schöne, neue Welt“. „Die Worte waren ihnen zwölf Jahre lang allnächtlich hundertfünfzig Mal wiederholt worden.“ Wir sind dieser Wiederholungen überdrüssig geworden. Nachdem uns die Jahrzehnte der Gier und des Konsums in Katerstimmung zurückgelassen haben, stehen wir am Rande eines spirituellen Zeitabschnitts.

Auch wenn Gaukler und Betrüger in das geistige Vakuum vordringen, wird soviel Leere da sein, dass sie als heilsame Stille Wirkung entfalten kann. Wir sind in einer Krisis, in der sich eine adäquate Lebensphilosophie entfalten kann, die Sloterdijk mit „Einschränkung der Ansprüche, Wendigkeit, Geistesgegenwart [und] Hinhorchen auf das Angebot des Augenblicks“ umreißt.

Die moderne Konsumgüterwelt ist so umfassend, die modernen Maschinen so effizient, dass die Menschheit behaglich und komfortabel leben könnte. Wir rennen und schuften immer noch so, als gäbe es all diese Maschinen nicht. Wir rennen und schuften aus einem einzigen Grund: weil wir Angst haben, diesen Komfort und die Kontrolle zu verlieren. Da wir uns den Komfort, den die moderne Welt bietet, aber nicht gönnen, er also ein theoretischer ist, ist die Betriebsamkeit der Welt paradox. Eine Einübung in den Kontrollverlust könnte zeigen, dass die einzige Kontrolle, derer wir verlustig gehen, die der Maschinen (oder der Umstände) über uns ist. Wenn man loslässt, wird man Herr über die Umstände, wenn man festhält, wird man von ihnen gehalten. Wir müssen generell langsamer und stiller werden. Die Maschinen dürfen währenddessen ruhig weiterlaufen.

Dann hören wir vielleicht auch auf, die Freizeitbetätigungen als Entspannungshilfen zu missbrauchen. Wir benutzen das Laufen, das Hinterglasmalen oder das Lesen, um ruhig zu werden. Dabei muss man schon ruhig sein, um sich all dem mit Freude widmen zu können. „Wenn die Menschen nicht mehr müde in ihre Freizeit hineingehen, dann wird es sie auch bald nicht mehr nach passiver und geistloser Unterhaltung verlangen" (Bertrand Russell).

In den Alltagsgesprächen müssen wir diejenigen unterstützen, die von Ruhe und Stille, Klosterurlaub und Wochenenden mit den Kindern sprechen, und diejenigen verlachen, die einfach keine Zeit haben. Wir müssen ein Klima schaffen, in dem Stille und Langsamkeit wieder höchste Akzeptanz finden. In der Familie, im Freundeskreis, in der Firma, im Land.

Auf die Zukunft der Stille kann man übrigens getrost wetten. Sie kehrt in jedem Fall ein. Durch freiwilliges Bremsen noch vor dem Infarkt. Oder eben nachher.

Am Ende ist es immer still.

Stille

Danke

Herzlichen Dank an meine Freunde, die Sprechtrainerin Gabriela Mittendorfer und den Management-Trainer Thomas Zimmermann für ihre Gedanken, die ich hier eingearbeitet habe. Danke an Eugen Maria Schulak für sein philosophisches Auge, mit dem er das Manuskript gelesen hat. Danke an all jene in meinem Umfeld, die mir die Stille gewährt haben, die es braucht, um darüber zu schreiben. Der besondere Dank gilt meinem Vater, dem Großmeister der Bedächtigkeit, dessen Leben zeigt, dass Stille und Langsamkeit möglich sind.

Literaturverzeichnis

Gerd B. Achenbach, Das kleine Buch der inneren Ruhe, Herder, Freiburg 2001.

Theodor W. Adorno, Minima Moralia, Suhrkamp, Frankfurt/Main 1951.

Augustinus, Bekenntnisse, Insel Verlag, Frankfurt/Main 1987.

Heinrich Böll, Anekdote zur Senkung der Arbeitsmoral, in: Das Heinrich Böll Lesebuch, dtv, München 1982.

Albert Camus, Der Mythos des Sisyphos, rowohlt, Hamburg, Juni 1959.

Michael Ende, Momo, Gustav Swoboda & Bruder/Thienemanns, Wien–Stuttgart 1973.

Reginald Földy, Die Vernunft im Exil – Zur Sozialpathologie unserer Zeit, Österreichischer Bundesverlag GmbH, Wien 1981.

Erich Fromm, Die Kunst des Liebens, Ullstein, Frankfurt/Main–Berlin 1980.

Erich Fromm, Haben oder Sein, Deutsche Verlags-Anstalt GmbH, Stuttgart 1976.

Martin Heidegger, Gelassenheit, Klett-Cotta, Stuttgart 1959.

Hermann Hesse, Siddharta, Suhrkamp, Frankfurt/Main 1981.

Eugen Herrigel, Zen in der Kunst des Bogenschießens, Der Zen Weg, Fischer, Frankfurt/Main 2004.

Immanuel Kant, Kritik der Urteilskraft, Die Metaphysik der Sitten, in: Wilhelm Weischedl (Hg.), Werksausgabe in 12 Bänden, Suhrkamp, Frankfurt/Main 1991.

Erhart Kästner, Die Stundentrommel vom heiligen Berg Athos, Insel Verlag, Frankfurt/Main 1956.

Harald Koisser, Eugen Maria Schulak, Wenn Eros uns den Kopf verdreht, Orac, Wien 2005.

Dalai Lama, Mitgefühl und Weisheit, Diogenes, Zürich 2004.

Konrad Lorenz, Das sogenannte Böse, dtv, München 1983.

Konrad Lorenz, Die acht Todsünden der zivilisierten Menschheit, Piper, München 1973.

Michel de Montaigne, Essais, Goldmann, Frankfurt/Main 1998.

Friedrich Nietzsche, Also sprach Zarathustra/Menschliches, Allzumenschliches, in: Giorgio Colli, Mazzino Montinari (Hg.), Kritische Studienausgabe, dtv/de Gruyter, München–Berlin–New York 1988.
Anaïs Nin, Absage an die Verzweiflung, in: Evelyn Hinz (Hg.), Sanftmut des Zorns, Scherz, Bern–München 1975.
Karl R. Popper, Alles Leben ist Problemlösen, Piper, München 1994
Bertrand Russell, Lob des Müßiggangs, dtv, München 2002.
Carl Sagan, Der Drache in meiner Garage, Droemer Knaur, München 1997.
Arthur Schopenhauer, Parerga und Paralipomena, in: Sämtliche Werke, Wissenschaftliche Buchgesellschaft Darmstadt, Cotta-Insel, Stuttgart-Frankfurt/Main 1965.
Peter Sloterdijk, Kritik der zynischen Vernunft, Suhrkamp, Frankfurt/Main 1983.
Italo Svevo, Zeno Cosini, Rowohlt, Reinbek bei Hamburg 1987.

LEBENSHILFE

Orac

SEITENSPRUNG: JEDER TUT ES, ALLE LEIDEN

Harald Koisser
Eugen Maria Schulak

Wenn Eros uns den Kopf verdreht

Philosophisches zum Seitensprung

224 Seiten
Format 13,5 x 21,5 cm
gebunden mit Schutzumschlag

ISBN 978-3-7015-0480-0
Orac, 2005

Was sagen eigentlich diejenigen dazu, deren Aufgabe es ist, die Welt zu erklären und zu verstehen: die Philosophen? Die Autoren habe die Literatur von Platon bis Kant, von Nietzsche bis Hegel durchforstet.
Daraus ist ein faszinierender Einblick in die Philosophie von ungewohnter Seite entstanden.

Ein amüsantes, geistreiches, die Tiefen des Menschen auslotendes Buch, eine Reflexionshilfe, ein Nachschlagewerk für aktiv und passiv Betroffene.

HILFE FÜR DIE GEKRÄNKTE SEELE

Peter K. Fischhof
Veronika Pelikan

Die gekränkte Seele

Woher die Kränkung kommt und was Sie dagegen tun können

160 Seiten
Format 13,5 x 21,5 cm
fester Einband

ISBN 978-3-7015-0490-9
Orac, 2006

Ein Ratgeber für die gekränkte Seele – anschaulich, konkret und praxisnah: Wie entstehen seelische Probleme und was hilft Ihnen dabei, sie zu lösen. Die beiden Autoren beschreiben, woher Ängste, Depressionen, Suchtverhalten, übersteigerte Aggressivität etc. kommen, wie sie sich äußern und was die Betroffenen ganz konkret in ihrem Alltag dagegen unternehmen können. Checklisten, Fallbeispiele und Anleitungen helfen, die Vorschläge erfolgreich umzusetzen.